佛學概論

佛之為言覺也，於一切法一切種相，
能自開覺，亦能開覺一切有情，
如睡夢覺，如蓮花開，故名佛。
教者，聖人被下之言。

黃懺華◎著

佛學概論目次

佛學概論

第一篇　佛學之概念

第一章　何謂佛

第一節　佛

何謂佛？何謂佛學？此研究佛學者所首應明瞭者也。

所謂佛者，梵語佛陀之簡稱。梵語者，中印度古代之語言。印度者，新稱；舊稱天竺，或云身毒，或云賢豆，譯云月；區爲東西南北中五處，稱五印度，又五天竺。佛陀，譯云覺者，又云知者。覺者，覺悟，謂於宇宙人生之眞相，如所有，盡所有，所謂如理如量，了了覺知。所謂理者，宇宙萬有之實相；量者，其各各相也。如理者，契會萬有之眞實理性；如量者，通達萬有之種種差別事相也。世間羣生，由無明蓋所覆障故；於宇宙之實相，人生之眞義，不覺不知；馳騁流轉生死長途。出世間聖人，歷刦修因，行滿果圓，於一切無明睡眠中，朗然大悟，妙契宇宙之眞理；如夢雨過，天宇澄淸；如頑雲開，月華皎潔；是故稱之曰覺者。如佛地經論云，於一切法一切種相，能自開覺，亦能開覺一切有情，如睡夢覺，如蓮華開，故名佛。又大日經疏云，佛陀名覺，是開敷義。謂由自然智慧，徧覺一切法，如盛開敷蓮華，無有點汙；亦能開敷一切衆生，故名佛也。又大智度論云，有常無常等一切諸法，菩提樹下，了了覺知，故名佛陀。所謂一切法一切諸法，與世典所謂宇宙萬有略同，猶言萬事萬物。一云覺有覺察覺悟二義，覺察者，察知煩惱；覺悟者，照了諸法。如大乘義章云，覺有兩義，一覺察名覺，如人覺賊；二覺悟名覺，如人睡寤。覺察之覺，對煩惱障。煩惱侵害事等如賊，唯聖覺知，不爲其害，故名爲覺。（中略）覺悟之覺，對所知障。無明昏寢事等如睡，聖慧一起，朗然大悟，如睡得寤，故名爲覺。覺復有三，一自覺，二覺他，三覺行圓滿。謂不惟自覺悟宇宙之眞理，復能以斯眞理開覺一切有情，令他覺悟；而一切自他覺行，無一刹那間，不徹上徹下，徹內徹外，與宇宙之眞理契合，究竟圓滿也。如翻譯名義集引後漢書郊祀志云，覺具三義，一者自覺，悟性眞常，了惑虛妄。二者覺他，運無緣慈，度有情衆。三者覺行圓滿，窮源極底，行滿果圓。自覺明異凡夫，凡夫在迷，不自覺故。覺他明異二乘，二乘自覺，不覺他故。覺行圓滿，明異菩薩，菩薩雖復修於二覺，行未圓滿故。如大乘義章又云，旣能自覺，復能覺他，覺行窮滿，故名爲佛。言其自覺，簡異凡夫。云覺他者，明異二乘。覺行窮滿，彰異菩薩。總之所謂佛者，謂於宇宙人生之眞相，先覺者，大覺者，無上正等正覺者。

第二節　釋迦牟尼佛

佛典言諸佛無量，有過去佛，有現在佛，有未來佛，十方三世，數等恒沙。然於此娑婆（新譯作索訶）世界，斷惑證理，說法度生，自覺覺他，覺行圓滿者，距今二千五百年前，創誕於印度之釋迦牟尼佛也。釋迦，譯云能種族之名，印度四姓（一婆羅門，淨行者也。二刹帝利，王種也。三吠舍，商賈也。四首陀羅，農人又奴也。）中王族刹帝利種之一族也。牟尼，智者之義。所謂釋迦牟尼，義卽釋迦族中之智者，舊譯作能仁寂默，此乃已出家求解脫時所得名，後世簡稱釋迦，又稱釋迦文。實名喬答摩悉達多。喬答摩，舊譯作瞿曇，最勝義。悉達多，古來譯云財吉，又云頓吉，亦云成利；然其語原，成就義。時人附加薩婆卽一切義，稱薩婆悉達，新譯作薩婆曷剌他悉陀，卽一切義成就；簡稱一切義成。中印度迦毘羅衛（又作迦毘羅，新譯作刼比羅伐窣堵。）國主淨飯（梵云首圖馱那）王之太子也。創誕之年代，古來有種種異說，約在距今二千五百年至二千九百年前，以陽春四月八日之清晨，誕生於拘利城外藍毘尼園內無憂華樹下。生後七日，母摩耶（具云摩訶摩耶）夫人殁，受姨母摩訶波闍波提之乳養。至年七歲（一說八歲）就婆羅門之學者，習世間書典。又就武士，習諸武藝。於少日月，凡諸世間學說技藝，無弗通達。復精射御，勇力過人。年漸向大，宅心高遠，觀諸世間事相，念皆悉非常，深生厭離。嘗隨淨飯王遊於田野，見所有作人，赤體辛勤，而事耕墾，犂牛疲頓，犂被鞭撻。而彼犂傷土壤之下，皆有蟲出。人犂過後，烏鳥飛來，爭拾蟲食。傷愍衆生互相吞食，起無限之同情與無限之悲痛。淨飯王聞之，心生愁憂，慮其出家，乃迎摩訶那摩長者女耶輸陀羅（新譯作耶戍達羅），爲太子妃（一云太子有三妃）。并爲建寒暑雨三時之宮殿。復集婇女百千，前後圍繞。人間五欲，備以娛之。太子初不以是有所染著愛戀。一日出城東門遊觀，見頭白背傴拄杖羸步之老人，念言老至如電，我豈獨免。當此時，耶輸陀羅舉一子，名羅睺（新譯作怙）羅，簡稱羅云。太子益悟世累愈重，世苦難脫。他日，出城南門，又見羸瘦痿黃不能起擧之病人，復自思惟，假合之身，衆病所集。少時出城西門，復見死人，衆人舁行，室家哭送；愍念世間乃復有此死苦。終於城北門見修學聖道之比丘，卽思惟方便，欲求出家。太子因出四門，見有老病死苦，常恐爲此所逼，求道之念彌深。淨飯王更增伎樂以娛樂之。至夜分，諸婇女疲乏熟眠，身形弊惡，不淨流溢。太子歷見，益感世間之不淨汚穢，倍增厭離。

太子既洞觀世苦，以十二月八日夜半，決然捨王宮出城北門求道；其年齡有十九二十九等異說，以二十九爲正。夜漸明時，至雪山麓，問道於苦行婆羅門跋伽婆仙人。以所修苦行，爲欲生天，非解脫眞正之道，捨而北行。時淨飯王遣使勸太子歸國，太子不從，王乃於釋迦種族中，選擇憍陳如（新譯作那）等五人，令隨從給侍。太子北行至阿羅邏仙人處，問解脫之道。彼以非想非非想處爲最上涅槃。以所知見非究竟處，於是復詣鬱頭藍仙人，論議問答，同阿羅邏，卒不得所求勝法，亦捨而去，入漚樓頻螺（譯云木瓜）樹林中，修於苦行。時憍陳如等亦修苦行，供奉太子，不離其側。太子勤苦六年，不得解脫，形體羸瘦，有若枯木。一日悟知苦行非成道之眞因，卽從座起，入尼連禪河洗浴。洗浴既畢，受牧女難陀波羅二人所獻乳糜，身體光儀，平復如本。憍陳如等既見此事，驚而怪之，謂爲退轉，卽便捨去。太子遂獨至伽耶（後稱佛陀伽耶），於畢鉢羅樹（佛坐其下成等正覺，因而謂之菩提樹，譯云道樹，又云覺樹）下，敷座而坐。自誓若不證得無上菩提，終不起此座。端坐思惟，四十八日。於二月七日夜，降伏魔軍已，入深妙之禪定，思惟眞諦。於初夜得宿命通，悉知過去所造善惡，從此生彼，父母眷屬，貧富貴賤，壽夭長短，及名姓字，皆悉明了。卽於衆生起大悲心，而自念言一切衆生，無救濟者，輪迴五道，不知出津，皆悉虛僞，無有眞實，而於其中，橫生苦樂。作是思惟，至初夜盡。於中夜得天眼通，觀察世間，皆悉徹見。見諸衆生，種類無量，死此生彼，隨行善惡受苦樂報。如是思惟，至中夜盡。於後夜得漏盡（斷盡諸漏卽一切煩惱）通，觀察世間，以何因緣而有老死？卽知老死以生爲本。又復此生，因於有生。有從取生，取從愛生，愛從受生，受從觸生，觸從六入生，六入從名色生，名色從識生，識從行生，行從無明生。若滅無明則行滅，行滅則識滅，識滅則名色滅，乃至生滅則老死憂悲苦惱滅。如是逆順觀十二因緣，第三夜分，破於無明，達究竟第一義。無明者，癡闇之心，無照了諸法事理之慧明，生死流轉之根本惑體也。究竟第一義者，究竟猶至極之義。第一義者，究竟之眞理，所謂中道實相也。聖智自覺所得，非言說妄想覺境界。以其最上莫過，故稱第一。深有所以，目之爲義。如是太子三十五歲二月八日（有異說）之拂曉，明星出時，霍然大悟，妙契宇宙之眞理，得無上正眞之道，爲最正覺，號天人師，具一切智；類蓮華而出水，赫煥無方；若桂月以懸空，光明洞徹。

佛典稱釋迦佛始成正覺，初七日中，自受用廣大法樂。第二七日，入海印三昧，不動道場，爲十方深位菩薩，宣說自內證之眞理，是卽大方廣佛華嚴經（略稱華嚴經）。至三七日，從三昧起，先往度阿羅邏鬱頭藍二仙，聞已命終，遂往波羅奈國鹿野苑，度憍陳如等。途次，爲提謂波利等五百商人，說歸依佛歸依法二自歸及種種妙法。旋入鹿野苑，爲憍陳如等說四諦八正道，五人先後皆爲佛弟子，世稱鹿苑五比丘（新譯作苾芻）。是爲初轉法輪。

　成道二年，波羅奈國長者善覺子耶舍，歸佛出家爲沙門（出家之都名）。其父母眷屬，亦同歸佛，爲最初之優婆塞優婆夷（新譯作鄔波索迦鄔波斯迦）。耶舍朋類五十人，亦歸佛出家。佛在鹿野苑三月，得弟子五十六人，分遣往他方隨緣教化，而獨往摩竭陀（舊譯作提）國王舍城，途次，訪事火外道優樓頻螺迦葉那提迦葉伽耶迦葉兄弟三人，爲說法。三迦葉及其弟子一千人，共歸佛出家。佛卽與三迦葉及千比丘，往王舍城。摩竭陀國王頻婆娑羅（一作瓶沙），與從者臣下百千衆，出城迎佛。佛爲說法本無我三事（情塵識，新譯作根境識。）生染。王聞法已，率諸大衆歸依，於迦蘭陀長者所施王舍城中之大竹園，建立精舍奉佛，是爲印度僧園之嚆矢，所謂竹林精舍是也。

尋婆羅門之學者舍利弗（新譯作舍利弗呾羅），目犍連（簡稱目連，具云摩訶目犍連，新譯作沒特伽羅，）二人，聞佛弟子馬勝比丘爲說所聞法從緣生，亦從緣滅，一切諸法，空無有主偈；卽將其弟子二百五十人，往詣竹園，歸佛出家爲佛左右弟子。於是佛弟子，舉其大數，有千二百五十人。

時有婆羅門，從姓立名，稱迦葉波，略云葉迦，往竹園詣佛，佛爲說法，歸佛出家，修十二頭陀（翻云抖擻。新譯作杜多，翻云修治。抖擻衣服飲食住處三種貪着之行法也。）難得之行。此迦葉大行淵廣，簡異優樓頻螺等，標大名，稱摩訶（譯云大）迦葉。佛涅槃後，住持法化，被於來世。

先是舍衛（新譯作室利羅筏悉底）城，有長者，名須達（又作須達多，新譯作蘇達多），譯云善施，極濟貧乏，哀恤孤危；時人美其德，號爲給孤獨。成道六年，往王舍城詣佛，佛爲說四諦法。須達還國，於太子祇陀（新云逝多，又作誓多）之園林，爲佛及比丘僧建立精舍。園地善施所買樹林誓多所施故稱誓多林給孤獨園，卽祇樹給孤獨園，又稱祇園（又作祇洹或祇桓）精舍。自是以後，佛多於祇園竹林二精舍說法。此時淨飯王思欲一見，佛乃還迦毘羅衛，爲淨飯王說法，度宗族數百人。提婆達多，孫陀（新譯作達）羅，難陀，優波離（新譯作釐），阿難（阿難陀之略），羅睺羅等；先後歸佛出家。後淨飯王薨，其妃卽佛之養母波闍波提及耶輸陀羅等，皆歸佛，爲最初之比丘尼（新譯作苾芻尼）。

釋迦佛成道後四十餘年間，周歷四方，化導羣類；或於王宮聚落，或於園林蘭若，應機說法；以佛知見開悟衆生。最初化導，多以小乘法義；後弟子根緣漸熟，乃宣說大乘。歷四十餘年之久，所說經典頗多；如維摩楞嚴思益大集諸經及諸部般若是也。於是三藏悉備，五乘齊化；滿出世之本懷，畢度生之能事。應世七十九年，化緣斯極，以無上正法付囑摩訶迦葉，於中天竺拘尸那城跋提河邊娑羅雙樹間，示大般涅槃；時二月十五日之中夜（有異說）也。

第二章　何謂佛學

所謂佛學者，如前所述，釋迦佛既成正覺，不捨覺他之悲願，還以世俗言說，顯示自內證之眞理，開覺一切有情；是曰佛法。常常時，恒恒時，如來（佛十號之一，乘如實道，來成正覺，故曰如來。）出世，若不出世，諸法法性安立，法界安住。然法不自顯，弘之在人。此娑婆世界之佛法者，釋迦佛所說。是故釋迦佛者，此土之根本大師也，簡稱本師。卽佛法者，曠世大聖自覺聖智所流出，而妙契宇宙法界之眞實相者也。法者，軌則義，諸佛所說勝妙法門，能令衆生軌則而成正覺，故名爲法。一云，法者，道理義。於佛法中，有其四種：一教法，二理法，三行法，四果法。教法者，佛所說能破無明煩惱業障之聲名句文種種施設，卽三藏十二部教典也。理法者，一切教法所詮之義理，卽宇宙人生之眞相也。行法者，依理法起之戒定慧諸行，卽如何持戒，如何修禪定，如何得大智慧也。果法者，修行滿足所證得之聖果，卽由修行之功力，於宇宙之眞理妙契無間之菩提涅槃等果也。釋迦如來一代教法，汗牛充棟，號稱八萬四千法門，然其宏綱，不出教理行果四法。因教顯理，依理起行，由行剋果，四法收之，鮮無不盡。所謂信解行證，卽與此四法相對而言。信者，信順佛之教法。解者，解悟其義理。行者，依教理起修行。證者，依修行證悟聖果。常略云解行，解者知解，行者修行，與世所謂學理與實踐相近。然於佛典，所謂學，義苞解行；其尤著者，戒定慧三，曰三增上學。戒者戒律，防非止惡謂之戒。定者禪定，靜慮澄心謂之定。慧者智慧，研眞斷惑謂之慧。依戒資定，依定發慧，依慧斷除妄惑，顯發眞理。因位修學，不過此三。是故所謂佛學，剋實言之，應指三學。如廣釋菩提心論云，學有二種，謂世間出世間。云何世間學？謂技能工巧等。云何出世間學？謂禪定等•所謂出世間學，卽佛學也。言禪定等者，等取持戒修慧也。然近人多分佛法爲知解與行持卽學理與實踐二方面，稱其學理方面曰佛學，其實踐方面曰佛教；至有所謂學佛與佛學之分。其實佛法，佛學，佛教，佛化；其所涵義略同。隨舉其一，卽總苞教理行果信解行證一切佛法。特就佛言之，則曰法曰教曰化；就行者言之，則曰學而已。且知解與行持，亦非截然隔別；所謂智目行足，又依解起行行起解絕。茲姑隨順世俗言說，定義云，佛學者，佛之學理，或佛之學說；而其所陳述者，宇宙之實相，人生之眞義也。

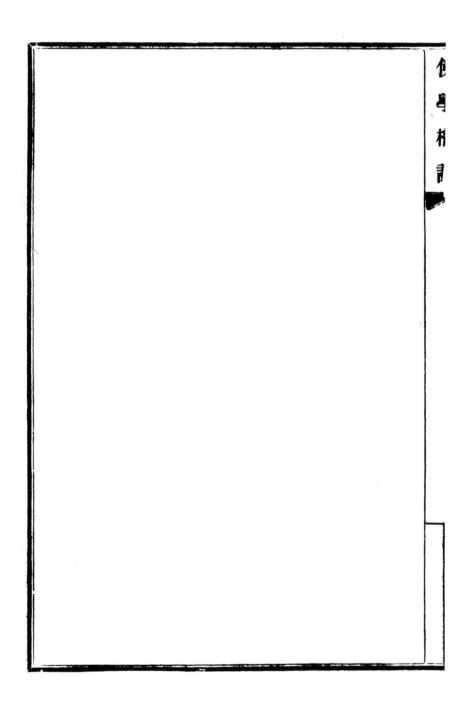

第二篇　佛學之畧史

第一章　印度之佛學

釋迦佛般涅槃後，摩訶迦葉，恐遺教散逸，選取佛諸弟子中已證果者千人，一作五百人，於王舍城外耆闍崛山（此翻靈鷲，如來御世垂五十年，多居此山，廣說妙法。）畢鉢羅窟內，結爲三藏。三藏者，一經藏，二律藏，三論藏。就中阿難誦出經藏，優波離誦出律藏，迦葉自誦出論藏。此結集多上座之耆宿，因謂之上座部。其不得預窟內結集之衆，凡聚數百千人，曰界外大衆；別以婆師婆（一作婆尸迦）爲上首，於窟外結爲五藏。五藏者，一經藏，二律藏，三論藏，四雜集藏，五禁呪藏。雜集藏攝根本大乘經，禁呪藏攝陀羅尼。此結集多年少，名大衆部。是爲王舍城結集。此結集外，更有鐵圍山結集，一云大乘結集。謂文殊（具云文殊師利，新譯作曼殊室利，譯云妙吉祥。）彌勒（新譯作梅怛麗，譯云慈氏。）等諸大菩薩，將阿難，於鐵圍山間，結集大乘三藏法藏之結集，傳說非一；此中前者依西域記，後者依大智度論。

大迦葉及婆師婆，雖分窟內窟外二處結集法藏。然一百年中，佛法一味，無異諍異說。及佛涅槃後一百年時，有長老耶舍比丘，於毘舍離城，與跋耆族之比丘衆，於律上生異義；乃集僧衆七百人，於毘舍離婆利迦園中，再結律藏。是爲毘舍離城結集。

尋有大天者，初創異見。大天既捷辯爭馳，耆宿輩亦濬情競發。於華氏城雞園寺，竟夜鬭諍，乃至終朝，明黨轉盛，互相是非，遂分二部。一上座部，二大衆部。先雖有上座大衆二部之名，而宗義一味。自此宗義上生差別，人爲異部，法有殊宗。北傳摩竭陀國阿育（新稱阿輸迦，譯云無憂）王，以此時於中印度御世，大弘佛法。嘗集僧衆千人，於華氏城結集法藏。是爲華氏城結集。結集後，分遣學德兼備之僧衆，往罽賓（新譯作迦濕彌羅）犍陀羅吒（新譯作健陀羅）等國中，豎立佛法。就中至師子（錫蘭）國者，阿育王子摩哂陀，女僧伽密多，開所謂南方佛教之端緒。關於阿育王出世之年代，史家有種種異說，北傳佛涅槃後百年，南傳佛涅槃後二百八十年。佛涅槃後百年時之阿育王，南傳所謂迦羅阿育，卽黑阿育。史上有名之阿育王，所謂達磨阿育，卽法阿育也。以南傳二百餘年爲當。

大衆部末幾又生異說，至佛涅槃後第二百年滿時，展轉分出一說部，說出世部，雞胤部，多聞部，說假部，制多山部，西山住部，北山住部等八部。上座部反之，經二百年，一味和合。然當佛涅槃後三百年初，上座部亦展轉分出說一切有部（簡稱有部，梵云薩婆多部）犢子部，法上部，賢胄部，正量部，密林山部，化地部，法藏部，飲光部，經量部等（簡稱經部）十部。以上十八部，末部也。加根本上座大衆二部，合成二十部。依南方所傳，佛涅槃後滿一百年至二百餘年間，大衆上座二部展轉分出二十二部，本末合成二十四部。

佛涅槃後四百年，健陀羅國迦膩色迦王於北印度御世，力弘大法，與阿育王並稱。嘗集僧衆五百人，於迦濕彌羅城集說一切有部三藏，是爲迦濕彌羅城結集。從來之結集，皆用巴利語，此時始用梵語。婆藪盤豆（世親）法師傳言此結集，馬鳴論師，爲製文句。佛涅槃後初五百年間，全印所宏傳者，唯小乘爲盛，而大乘法久湮閟於世。馬鳴於北印度，外攘異道，內抑小乘，獨揚大乘至教。著有大乘起信論等。或云起信論者，地論宗之學者所僞造。一云馬鳴論師者，較迦膩色迦王少後之佛教詩人。

七百年（有異說）時，龍樹（新譯作龍猛）論師，於南印度，盛弘大乘教。依大般若經，造大智度論無畏論中論（具名中觀論）十二門論等，闡揚大乘之因緣生畢竟空義，以爲諸法皆空不可得，所謂一切皆空；以摧小乘實有之執，幷破外道之迷見。其弟子有提婆龍智二人。提婆承龍樹中觀法門，造百論等，宣揚諸法皆空之妙理。龍智並承龍樹密法。

九百年（有異說）時，無著（梵云阿僧伽）論師，於中印度，承彌勒論師瑜伽法門，更造顯揚聖教攝大乘等論。其弟世親（舊譯作天親）論師，亦製攝論及辨中邊論釋，造二十唯識三十唯識等論，闡揚大乘之唯識現如幻有義，以爲宇宙間之森羅萬象，皆唯識所變，所謂萬法唯識；以治外小之損減執。傳之弟子德慧，德慧傳之弟子安慧。至佛涅槃後千一百年時，世親之學統下，有護法論師，承世親之教義，造論釋三十唯識，張妙有義，盛破清辨之空宗。同時龍樹之學統下，有清辨論師，承龍樹之宗旨，造掌珍論等，立眞空理，盛破護法之有宗。是爲空有二宗諍論之嚆矢。如南海寄歸內法傳云，所云大乘，無過二種；一則中觀，二乃瑜伽。中觀則俗有眞空，體虛如幻。瑜伽則外無內有，事皆唯識。中觀瑜伽，卽空有二宗也。護法之門下，有戒賢論師，承師說，主張境空心有。清辨之門下，有智光論師，主張心境俱空。此二人同住中印度之那爛陀寺，各率徒衆，盛建法幢。密教至護法戒賢出世之時代，綜合印度現存之諸宗教，統一於大日如來果德之下。空有二宗，旋卽轉爲密教之金胎兩部。至佛涅槃後千三百年後，始則婆羅門教復興，排毀佛教極烈。繼則回教徒侵入印度，佛教復爲所蹂躪。大小顯密，皆趨衰滅。

第二章　中國之佛學

世傳後漢明帝永平十年，佛法始入中國。先是永平七年，明帝夜夢金人，飛行殿庭，以問於朝。太史傅毅以佛對。乃遣中郎將蔡愔博士王遵秦憬等十有八人，西訪其道，至大月支（又作月氏）國，遇中印度沙門迦葉摩騰竺法蘭二人，齎佛像經卷東來。愔等奉迎而歸於洛。帝於洛城雍門西建白馬寺以處之，命摘譯經文。最初譯出者，現存之佛說四十二章經也。四十二章者，就大小乘攝集四十二章。其經之內容，多小乘義，往往含大乘般若之思想。是爲此土傳譯佛經之嚆矢。其後三百餘年間，支婁迦讖（亦云支讖），安淸（字世高），支曜，竺佛朔等譯師；相繼自月支安息康居印度諸國，齎佛經至洛廣事宣譯。至東晉，西印度沙門佛圖澄之弟子道安，依般若經，探究眞空無相之法門，明本無義，謂無在萬化之前，空爲衆形之始。爲此土發揮大乘空義之先驅。其著述以註釋爲多，如光讚拆中解等，凡十九部，爲此土註解佛經之嚆矢。淨土法門，於此土亦以道安之淨土論爲其權輿。後其弟子慧遠，在廬山集內外名僧並朝野賢士，共結白蓮社，盛弘通之。同時僧伽跋澄僧伽提婆，自罽賓國來，譯出阿毘曇八犍度阿毘曇心鞞婆沙等有部論藏，開鑽研毘曇學之端緒。

當佛教之研究與實踐兩方面共漸起時，舊譯時代之大家龜茲國鳩摩羅什（譯云童壽）三藏，以姚秦弘始三年（東晉安帝隆安五年）自姑臧入長安，廣譯大小乘經律論。八年間所譯達三百餘卷。譯出之大乘經典，有摩訶般若，金剛般若，維摩，法華，阿彌陀等經。並譯出中百十二門及大智度等大乘論部。而最用力躬弘通之者，三論，尤中論所說之中道觀，授其法門於弟子，以顯揚龍樹之空宗，開三論立宗之端緒。又譯出訶梨跋摩之成實論，建宏傳成實義之基礎。又與罽賓弗若多羅共譯有部之十誦律，三分始二而弗若多羅入寂，乃與龜茲曇摩流支更出餘分，是爲此土有廣律之始。遊於羅什之門者，達三千人；於中道生僧肇道融僧叡，稱什門四哲，各有著述。僧肇僧叡，繼羅什，布教關中。道生還建康，道融還彭城，弘法。龍樹之法門，漸次傳播於內地。成實毘曇等論，亦揚鑣於大江南北，南弘成實，北尚毘曇。

南北朝初，中印度曇無讖三藏，於北涼譯出大般涅槃經。未幾，其本傳至南朝，宋文帝飭慧觀與慧嚴謝靈運等共治改之。是爲南本涅槃。對之，原本稱北本涅槃。於是開涅槃一宗自宋迄梁於江南敷揚甚茂。此宗之古疏不傳，唯知其依涅槃經，弘布一切衆生皆有佛性如來常住無有變易之旨。及天台宗興，此宗遂屬之。

北魏宣武帝時，北印度菩提流支中印度勒那摩提，北印度佛陀扇多三師；各於洛陽，譯出世親之十地經論。勒那摩提一云佛陀扇多之弟子慧光律師，合糅爲一本自造註疏且宏講之，於是開地論一宗，梁陳隋頃於北方盛行。此宗立梨耶淨識說，謂阿梨耶識卽是眞如。當時佛教思想之中心，幾爲地論。然地論開宗後，未幾自生相州（今河南彰德）南道相州北道二派。北道地論宗，計梨耶（此宗以梨耶爲妄識）以爲依持生一切法。南道傳地論宗之正統，計眞如以爲依持生一切法。及中唐華嚴宗勃興，此宗遂不別傳。或謂華嚴宗由南道地論宗轉成。次至東魏，曇鸞大師出，據菩提流支所譯世親之往生淨土論，盛弘他力念佛之法門。

梁大通元年，南印度達磨（具云菩提達磨，）大師西來，不立文字，單傳心印，直指人心，見性成佛。後得弟子慧可，付以衣法，是爲禪宗（一稱佛心宗）之起原。太清二年，眞諦三藏自西印度來值梁陳鼎革及南北爭衡，闡譯撰疏於烽烟燹火之中，每一帙未終，即倉皇避難，挾經遠徙，往北齊，赴東魏，備歷諸艱。至陳代所出經論記傳，凡金光明經等六十四部。就中譯出大乘起信論，談眞如緣起之法門。又譯出攝大乘論，自造註疏，明無塵唯識。塵者，塵境，即三界諸法也。識者，阿梨耶識（此宗以梨耶爲眞妄和合識）。無塵唯識者，一切諸法，皆唯識所作。實無有塵，唯有識體。攝論譯成，沙門慧曠，親從眞諦聽之。同時有法常智儼道岳慧休等，盛研究且弘通之。於是開攝論一宗，於陳隋間，流傳頗盛。及唐玄奘重譯此論，後遂無復講梁論者。

當是時，印度佛教之一切法門，熾傳中國；衍爲南北佛教諸家。然納之於鑪錘之中而融冶之，以成立一家之教觀，而開建新宗派者；陳末隋初之智者大師也。師名智顗，智者其賜號也。初從慧曠學律，兼通方等諸經。繼往從南岳慧思禪師，修習法華法門。後於金陵荊州等地，弘宣佛化。以釋迦如來出世本懷在法華經，於是講說三大部；

一法華玄義，開陳一家之教相。二法華文句，解釋一經之深旨。三摩訶止觀，詳說一心之觀行。一宗之教觀二門，用是該備。他若釋禪波羅密次第法門及六妙法門等諸部止觀，維摩玄義及疏金光明玄義及疏等諸部疏鈔，講說宏多。智顗於陳太建七年，入天台山，依以開闢一宗，後卽入寂於是，故後世稱爲天台大師，稱其宗曰天台宗。天台唯散說，寂後，其弟子章安尊者灌頂結集之，成一宗之典籍。其時嘉祥大師吉藏，亦於吳越間，承羅什之學統，盛弘三論，而網羅魏晉以來南北朝時代佛教諸說以莊嚴之；著有三論玄義及中百十二門論諸疏等，太成三論宗。然此宗之宗義，至嘉祥而略變。於是嘉祥已前，稱古三論，又云北地三論。嘉祥已後，稱新三論，又云南地三論。

次并州玄中寺道綽禪師，初講敷涅槃經，後慕曇鸞之遺風，捨涅槃宗，歸淨土教，於北地弘他力念佛。

與天台宗並稱中國佛教史上之二大宗派者，華嚴宗也。隋末唐初，終南山帝心尊者杜順，依六十華嚴，精修觀行，著法界觀門（具云修大方廣佛華嚴法界觀門）

五教止觀等，盛弘華嚴法門。是卽華嚴宗開宗立教之最初。其弟子至相寺雲華尊者智儼，稟傳宗義，作搜玄記孔目章等，弘闡一乘。

唐玄奘法師，慨前代譯經多所訛略，於貞觀三（依法師年歲推計此應是元字誤）年。往印度求法。乘危遠邁，杖策孤征。發趾張掖，途次龍沙，展轉因循，入高昌經屈支（舊云龜茲）度葱嶺北隅，歷迦畢試，健陀羅，迦濕彌羅，秣底補羅，阿踰陀，刼比羅伐窣堵等國。途中就般若羯羅等學婆沙，俱舍，正理，因明，聲明，經百，廣百，對法，顯宗理門；及衆事分毘婆沙經部毘婆沙等論。遂至摩揭陀國，入那爛陀寺，參正法藏卽戒賢法師，聽講瑜伽正理，顯揚，對法，因明，聲明，集量，及中百二論；窮探大乘秘奧，兼學婆羅門書。然於瑜伽，偏所鑽仰，經於五年，晨夕無輟。更從怛他揭多毱多等學婆沙，正理，集量，大衆部根本毘曇，正量部根本毘曇，及因明，聲明，唯識決擇等論。周遊西宇十有七年；窮歷道邦，詢求正教。貞觀十九年還至長安，於弘福寺，大慈恩寺，玉華寺，廣譯經論。始自菩薩藏經，終於大般若經，凡七十餘部。從大小乘經論，至因明等，無不網羅。自是傳譯有新舊之稱，玄奘以後諸譯，爲新譯；其以前者爲舊譯。玄奘該通俱舍，唯識，因明，聲明，及印度諸學藝而其尤致力者，唯識法門爲唯識宗之開祖。高足衆多，大闡宗義，就中窺基普光，法寶，神泰等；其主要者也。窺基世稱慈恩大師，事玄奘，稟受瑜伽唯識宗旨。嘗請玄奘參糅護法，德慧，安慧，親勝，歡喜，淨月，火辯，勝友，勝子，智月，十大論師之唯識論釋，而以護法義爲本義，和會成一本；是卽成唯識論，著述記及樞要等以發揚之。他若法華玄贊，瑜伽略纂，及法苑義林章等，著述宏多，計可百部，時稱百本疏主。法相唯識之教義，至玄奘師資而稱極盛。當此時於實踐方面別建法幢者，長安光明寺善導大師，南山道宣律師，黃梅弘忍禪師。善導上承曇鸞道綽，弘他力念佛，大成淨土宗，道宣以唯識圓教爲宗，弘四分律，爲融小歸大之律宗開祖。弘忍爲禪宗第五祖，於蘄州接衆，其門下有神秀慧能二人。慧能受衣法，於南方行化。神秀傳法荊門洛下。得法雖一時，開導發悟有頓漸之異，故曰南頓北漸，開南北二宗。

新譯時代中之大家，前有玄奘，後有大薦福寺義淨三藏，不藉外國沙門之力，獨力成翻譯之大業。義淨，慕法顯玄奘之高風，於高宗咸亨二年，往印度，經二十五年，還至河洛，徧翻三藏，而專弘律部；其翻譯之偉績，不讓玄奘。

同時，賢首大師法藏，上承杜順智儼，盛作經疏，發揮華嚴義門，闡揚法界無障礙妙義。作五教章（一名華嚴一乘教義分齊章），述自宗之教相義理。著探玄記，釋華嚴經。他著金師子章等關於華嚴之章疏，著述宏多。至此，一宗之規模大備。法藏，嘗預玄奘之譯場，所見不同而出。至武后時，與實叉難陀義淨復禮等，共譯出新華嚴經等。

玄宗開元四年，中印度善無畏三藏來華，翻譯密部經典十餘部，盛弘通密教。就中大日經，蘇悉地經；其主要者也。一行禪師，師事善無畏，與共譯大日經，著有大日經疏等。善無畏來華後四年，南印度金剛智及北印度不空師資兩三藏同來，傳宏密法，翻譯經軌。就中金剛頂經，其主要者也。時人稱善無畏，金剛智，不空；爲開元三大士。羅什爲法性經論之大譯師。玄奘爲法相經論之大譯師。不空譯出密部經軌，凡七十七部，爲密部經論之大譯師。眞言密教，一時稱盛。當是時，江南有荊溪大師湛然，出智者大師之學統下，作輔行釋籤疏記疏釋三大部；他若金剛錍止觀義例等，著述宏多；盛發揚宗義，以焜耀於唯識華嚴佛心諸宗之間，使委靡不振之天台宗，煥然中興。北地有清涼大師澄觀，遙承法藏之意旨，作華嚴大疏演義鈔（澄觀作大疏釋新華嚴，更作演義鈔自釋大疏，是爲華嚴大疏鈔，具云大方廣佛華嚴經隨疏演義鈔。）及自餘章疏，闡發華嚴奧義。其弟子圭峯禪師宗密，復傳而宏之。華嚴宗藉以復振。然澄觀師資，談性惡，頗似台宗。又其見解，頗有似禪宗處。其在禪宗，則曹溪慧能之門下，出南岳懷讓青原行思荷澤神會等。南岳會下，出馬祖道一；靑原會下，出石頭希遷等；於江南行化。而北宗禪牛頭禪等，亦代有勝匠，盛揚宗風。及武宗會昌五年，排毀佛教之法難起，法運驟衰。幸其後宣宗懿宗等，相繼復興佛法，稍復舊觀。尋唐末五代，禍亂相尋，佛寺頹廢，經籍燒失；大小各宗，莫不衰息。獨佛心一宗，以其專務淸簡，水邊林下，隨便可安身行道，不必寺宇，不須經典；傳弘稱盛。自唐末至後周，百餘年間，臨濟義玄，潙山靈祐，仰山慧寂，洞山良价，雲門文偃，淸涼文益等宗匠輩出；開臨濟，潙仰，曹洞，雲門，法眼五宗；各擅門風，應機酬對。是曰禪宗五家。入宋之後，影響爲宋明理學，與中國之思想界，發生極大關係。五代末，後周世宗，再排毀佛教。諸宗之章疏，散失殆盡。此際唯吳越以其王錢鏐錢俶，世崇佛教，吉光片羽，猶有存者。

周亡宋興，法運復起，宋太祖卽位。發勅復佛像寺塔，尋遣沙門行勤等往印度求法。又詔雕佛經，大藏始有刊本。太宗卽位，亦厚歸佛教，立譯經院，令當時來華之北印度三藏天息災，與法天，施護等居之，命譯所將梵經。久廢絕之譯事復興起。旋復於譯經院西偏，建印經院。新譯經論，並刊板印行。是時，杭州西湖昭慶寺沙門省常，於湖濱結社，修淨業，人謂廬山蓮社，莫如此日之盛。眞宗繼前帝之遺志，興隆佛法，五竺沙門，競集闕下。法運再振，諸宗復興。天台宗此時有四明知禮，弘山家之教觀，距山外之異義，世稱天台宗之中興。華嚴宗有長水子璿及其弟子晉水淨源，大弘華嚴；世稱華嚴宗之中興。律宗有西湖元堪，作會正記，弘律；又靈芝元照，作資持記，以天台教義說律宗。禪宗中雲門宗有雪竇重顯，大振宗風。又臨濟宗入宋，分出揚岐黃龍二派，合前五家，號爲五家七宗。要之北宋一代之佛教，其盛況幾媲李唐，降至南宋，尚承流未泯。當時最盛者，禪宗。

有元一代及明初，喇嘛教最盛，禪宗次之。逮明末，雲棲袾宏（蓮池）靈峯智旭（藕益）等相繼出，唱諸宗融合一致論，而以持名念佛往生淨土爲歸宿。就中，蓮池於淨土一宗，弘布尤力。

佛教至清代而益衰，諸宗俱萎，唯喇嘛教盛行於西藏蒙古等處，清庭亦厚奉之。

第三篇　佛學之分類

佛法中或就教理，或就行法，以及宗派地域法藏等，有種種分類。茲擇其於學理有關者，如大小乘顯密教新舊譯等，略陳其梗概如左。

第一章　大乘與小乘

乘者，運度又運載之義。引伸稱運載諸有情度生死海，到涅槃彼岸之教法；曰乘。大者，簡小之稱。求佛果之教法，爲大乘。求阿羅漢果辟支佛果之教法，爲小乘。佛果者，開一切種智，盡未來際化益衆生，卽前所述三覺圓滿。萬行所成，故云佛果；能成萬行爲因，所成萬德爲果。一切種智者，佛智也。佛智圓明，通達總相別相化道斷惑一切種法，卽通一切法種種事相，故名一切種智。阿羅漢辟支佛果者，三乘中聲緣二乘之極果。三乘者，一聲聞乘，二緣覺乘，三菩薩乘。聲聞乘，又云小乘，速則三生，遲則六十劫間，修空法，終於現世，聞如來之聲教，悟四諦理，證阿羅漢果。聞佛聲教，故名聲聞。如瑜伽師地論云諸佛聖教，聲為上首，從師友所聞此聲教，展轉修證，永出世間，小行小果，故名聲聞。阿羅漢，譯云無學，以其煩惱已盡，已出三界，已證涅槃，無法可學；故名無學，或言不翻者，名含三義故也。三義者，一殺賊，二不生，三應供。斷一切煩惱盡，故名殺賊。永入涅槃，更不受三界生死果報，故名不生。智斷功德，既已圓滿，應受人天供養，為世福田，故名應供。舊譯應眞。緣覺乘，又云中乘，亦云辟支佛乘；速則四生，遲則百刼，間修空法，不依如來聲教，感飛花落葉之外緣，證辟支佛果。辟支佛者舊稱，新稱鉢剌翳迦佛陀。舊翻為緣覺，新翻獨覺。言緣覺者，一謂因觀十二因緣，斷惑證理。一謂因觀飛花落葉之外緣，感世無常，斷惑證理。言獨覺者，謂於無佛世，或觀十二因緣，或觀飛花落葉，獨自善證寂滅理。如瑜伽云，初發心時，亦値佛世，聞法思惟。後得道身，出無佛世，性樂寂靜，不欲雜居，修加行滿，無師友教，自然獨悟，永出世間，中行中果，故名獨覺。或觀待緣而悟聖果，亦名緣覺。大智度論謂出値佛世，聞因緣法，名為緣覺。出無佛世，自然得悟，名爲獨覺。天台家依此區分辟支爲二，出佛世觀十二因緣而悟道者；爲緣覺。出無佛世，觀飛花落葉之外緣，無師自悟者；爲獨覺。菩薩乘，又云大乘，三大阿僧祇刧間，廣修六度行；更百刧間種三十二相（佛有三十二相，八十種好。相者，大相。好者，更莊嚴大相之小相也。相總而好別，相麤而好細。）之福因，證無上菩提。菩薩者，梵語菩提薩埵之簡稱，譯云覺有情，總稱求佛果之大乘衆。如法華玄贊云，菩提，覺義，是所求果。薩埵，有情義，是自身也。求菩提之有情者，故名菩薩。又佛地論云，緣菩提薩埵爲境，故名菩薩。具足自利利他大願，求大菩提利有情故。又薩埵者，是勇猛義，精進勇猛求大菩提，故名菩薩。六度者，梵語波羅密，譯云度，度生死海義。新稱波羅密多，譯云到彼岸，到涅槃岸義。修行此法，則能自利利他，度生死海，到涅槃彼岸，故云到彼岸。一檀波羅密，檀者，梵語檀那之簡稱，譯云布施，慈心施物也。二尸羅波羅密，尸羅，譯云戒（持戒），持佛戒防非止惡也。三羼提波羅密，羼提，譯云忍（忍辱），忍受諸侮辱惱害也。四毘梨耶波羅密，毘梨耶，譯云精進，勇猛修一切善斷一切惡也。五禪波羅密，禪者，禪那之簡稱，舊譯思惟修，謂思惟所對境，專心研習，由此發得定心，新云靜慮，謂心體寂靜，而有如實慮知所對境用。又名三昧，新稱三摩地，譯云定，定心一境離散動義。合稱禪定。六般若波羅密，般若，譯云智慧，照了實相也，此六波羅密，一一各有三品，如布施有財施法施無畏施，或廣六爲十，十各有三。然此上所述，其本義也。無上菩提，卽阿耨菩提，阿耨多羅三藐三菩提之簡稱也，具譯云無上正等正覺，或云正徧知；謂覺知一切法之無上智慧。言無上正等正覺者，依般若心經幽贊勝空者言，無法可過，故名無上。理事徧知，故名正等。離妄照眞，復云正覺。如應者言，智斷圓滿，名無上覺。異生邪智，簡名正覺。二乘分智，簡名等覺。菩薩缺智，簡復名正覺。唯佛圓證，獨得全名。聲聞緣覺菩薩，各以其法爲乘，至其果地，故名三乘。阿羅漢辟支佛果，雖有淺深之別，共斷三界煩惱後，灰身滅智，入無餘涅槃。但期自度，不運載他，爲小。乘爲一切衆生，自他並度，同到彼岸；爲大。有自利利他之異，故有大小乘差別。更詳言之，依如大乘法苑義林，教理行果，總名爲乘。卽其實質，大別爲四，一能詮教，二所詮理，三所修行，四所得果。由教理行果有深淺之分，生大小之別。其在小乘，教者，謂釋迦佛所說四阿含等經，四分五分十誦等律，及佛弟子所說六足發智等論。理者，謂苦集滅道四諦理，或人空無我理。行者，謂觀五蘊十二處十八界，厭苦，離苦。果者，謂四沙門果（預流，一來，不還，阿羅漢）及涅槃。其在大乘，教者，謂佛所說或其他聖賢所說詮大乘又順大乘之三藏十二部經。理者，謂眞如理，或人法二空理。行者，謂六度四攝（布施，愛語，利行，同事）二利。果者，謂佛菩提涅槃果。

第二章　顯教與密教

眞言家分一切佛教爲顯密二教，自稱密教，稱餘宗爲顯教。言顯教者，謂其法顯露而淺略。言密教者，謂其法秘奧不可思議。卽依眞言家，顯教者，應化身，應所化衆生機之淺深高下所說之教法；而顯了明斷惑證理，修因契果之法門者也。應化身者，應他機緣化現之佛身，略云應身，或云化身。釋迦佛，化身也，所說大小乘三藏十二部經，總爲顯教。密教者，法身佛，爲自受法樂，與自眷屬，以秘奥之眞言，直說其自內證之三密法門。此三密法門者，唯佛與佛內證之境界，等覺十地，（十地滿足，將得妙覺佛果，其智慧功德，等似妙覺。）不能見聞。法身者，佛之眞身。諸佛如來之眞體，具無邊際眞常功德，是一切法平等實性，三世常住，徧滿法界；故名法身。大日如來，法身也；所說金胎兩部大法，同爲密教。

第三章　宗與教

禪家者流，謂楞伽經有佛語心爲宗，無門爲法門等語，依此，自稱宗門，又稱宗下；稱他家爲教門，又稱教下。言教者，謂如來所說經教。卽不問大乘小乘，不論顯教密教，依經論等之文義者；爲教。禪者，謂教外別傳之宗旨，卽直指人心，見性成佛，教外別傳，不立文字；爲禪。所謂如來正法，望口名教，望心爲禪也。教外別傳者，禪家又分佛法爲教內教外，言禪宗者教外法，他家皆教內法。佛以言句傳授，卽依佛聲教，爲教內。離言句，以心傳心；卽不施設文字，不安立言句，直傳佛祖之心印，爲教外；具稱教外別傳。

第四章　聖道門與淨土門

淨土家判釋佛教，有聖道門淨土門等。如道綽禪師，於安樂集，分大乘聖教爲聖道淨土二門。聖道門者說於此娑婆世界，斷惑證理，入聖得果之教門。除淨土三經（無量壽經，觀無量壽經，阿彌陀經），自餘一切經教是也。淨土門者，說依阿彌陀佛之大願業力，往生淨土，入聖證果之教門。淨土三經是也。聖道門者，自力，淨土門者，他力。故曇鸞大師。於往生論註，以自他二力，判一切佛教。自力故難行，他力故易行，故龍樹論師，於十住毘婆沙論，以難易二道分之。

第五章　權教與實教

華嚴家天台家，分佛教爲權實二教。稱法相三論兩家爲權教，又稱爲權大乘。權者，權假方便也。自稱實教，又實大乘。實者，眞實也。若就天台四教判之。藏通別三者，權教；圓教者實教。又就華嚴五教（小始終頓圓）判之，頓教已下皆權教。

第六章　性宗與相宗

佛教中又有法性宗法相宗之分，簡稱性宗相宗。性者，諸法自體也。如大智度論云，性言其體。又大乘義章云，法之體性，故云法性。又唯識述記云，性者體義，一切法體，故名法性。相者，其相貌義理也。如智度論又云，相言可識。無著世親護法戒賢玄奘窺基等相承之瑜伽法門，以阿賴耶識爲一切法之根本，廣論辨其所生法之相貌義理，雖少及法性，其所云性，亦是相數，故得法相宗名。龍樹提婆淸辨智光羅什吉藏等相承之中觀法門，以眞空爲法性（如智度論云，法性者，如前說，各法空，同爲一空，是爲法性），廣破一切差別相，顯法自體；故名法性宗。一云三論一家。破相顯性，是空宗。華嚴天台眞言等，直顯示眞性，正名性宗。

第七章　南方佛教與北方佛教

佛教自阿育王以後，分南北二派，卽所謂南方佛教與北方佛教，簡稱南傳與北傳，意卽南方所傳與北方所傳。南方佛教，以錫蘭爲中心，弘傳於後印度及南洋諸島。卽現今流布於錫蘭緬甸，暹羅，安南，柬埔寨等地之佛教。其經典用巴利語，多詮小乘教義。北方佛教。以大月支爲中心，弘傳於安息康居及葱嶺以東諸國。卽現今流布於尼泊爾以北，中國，朝鮮，日本等地之佛教。其經典之原文爲梵語，多詮大乘教義，兼含小乘。

第八章　新譯與舊譯

如前所述，關於佛典之傳譯，有新舊之稱。劉漢已來，謂之舊譯，李唐而下，謂之新譯。卽唐代已下諸譯爲新譯，其已前者爲舊譯。舊譯家中羅什眞諦爲翹楚；新譯家中，前有玄奘，後有義淨，爲司南；而奘譯尤劃分新舊之鴻溝焉。

第九章　三藏

三藏者，經藏，律藏，論藏；佛典之總稱也。雖有加雜藏又加菩薩藏等爲四藏五藏八藏等者，然多用此三藏名。經者，梵語素呾纜，舊稱修多羅之義譯。若正相翻，名之爲綖。如以綖貫花，令其不散。諸法星羅，周散法界；聖人言說，能貫穿一切法義，不墜不失；故名爲綖。此間聖說爲經，經訓法，訓常，常則道軌百王，法乃德模千葉，佛法亦然，雖三世諸佛，隨感去留，敎範古今，不可改易。且以經持緯，恰具綖義，故譯家以此代彼。又譯契經。契者，契當至合之義。上契諸佛之理，下契衆生之機，故云契。貫穿深妙法義，攝持所化衆生，故云經。藏，庫藏也，義同四庫。蘊積義，包含義，梵本名篋，以藏更之。一云籃也，能收藏各種花卉。此藏包藏佛所說經典，故云經藏。

律者，毘奈耶，舊稱毘尼之義譯，毘奈耶，此翻調伏；調和控御身語等業，制伏滅除諸惡行義。或以滅翻，滅三業之過非義，從功能爲號。義譯云律。能防止身口惡法，如世法律，斷決輕重罪，故云律。此經典中，包藏一切戒律，故云律藏。

論者，阿毘達磨舊稱阿毘曇之義譯。阿毘達磨，新翻對法，謂對觀眞理之勝智。卽對法者，智慧之別名，以智慧對觀諸法之眞理義。舊翻無比法，智慧者，無比之勝法，故云無比法。此藏問答決擇諸法事理，生無比勝智，故名阿毘達磨。義譯云論，決擇辯論一切法義故。包藏十二部經中論議經，卽佛自設問答辨明法相諸經，及佛弟子暨佛涅槃後之菩薩等准之所造解釋經義論辨法相諸論。此藏亦名鄔波題鑠，舊稱優波提舍，此翻論議。亦名摩怛理迦，舊稱摩德勒伽，此翻本母，取出生義。本者理也，集諸經義，論議之，出生別所詮義理。生理之母，故名本母。又翻行母，生行法之母，故云行母。

第十章　十二部

十二部經者，部者部類，分一切經爲十二部類。又云十二分經，亦云十二分教，分者，類（義類）義，支（支條）義，段（分段）義。一契經，有總有別，總攝十二部盡，卽十二分皆名契經。別卽諸經中長行（散文），謂直宣說所應說法義，不限定字句之文句。

二應頌，梵語祇夜，直譯應頌，義翻重頌。謂應前長行之文，以六句四句三句二句等，重宣其義。或長行雖說，義猶未盡，後更以頌文補之。

三記別，梵語和迦羅那，譯云記別，有三義。一記弟子死生因果，二明記分別深密之義，三佛對弟子授未來成佛之記。大智度論作受記，涅槃經作授記。

四諷頌，梵語伽陀，譯云諷頌，又譯孤起頌。謂不說長行，直說偈句。卽經中非長行直說，及非因緣爲他但以二句三句四句五句六句等說諸法者，並爲諷頌。

五自說，梵語優陀（一作檀）那，譯云自說。謂佛爲令當來正法久住，無有人問，而自宣說；所謂不請而說。

六緣起，梵語尼陀那，譯云緣起，待緣而起之義。又云因緣，此具三義，一因請而說，二因犯制戒，三因事說法。如經中，有人問，故爲說是事；如律中，有人犯，故爲制是戒；又依如是如是事，說如是如是語；皆名因緣。

七譬喻，梵語阿波陀那，譯云譬喻。謂經律論中，爲令本義得明淨，所說譬喻比況。

八本事，梵語伊帝目多伽，有二義。一如是語又如是說義，南方佛典雜部中，有如是語一部，含以佛如是說爲首之一百一十經。二本事義，謂說佛弟子菩薩聲聞等過去世行業事歷之經文。又依瑜伽，除佛本生，說餘一切前際，即往昔一切若人若法，若凡若聖，皆名本事。

九本生，梵語闍陀伽，譯云本生。謂說佛自身過去世爲菩薩時行業事歷之經文，卽說世尊在過去世，彼彼方分，若生若死，行菩薩行，行難行行，並名本生。

十方廣，梵語毗佛略，譯云方廣，又云廣破，亦云無比。一切有情利益安樂所依處故，宣說廣大甚深法故，名爲方廣。能破諸障，名爲廣破。無法比類，名爲無比。

十一希法，梵語阿浮達磨，譯云希法，希有之法義。一云未曾有，謂諸經中宣說諸佛及諸弟子八衆所有共不共德，及餘最勝殊特驚異甚深之法，名爲希法。

十二論議，如前所述，梵語鄔波題鑠，舊稱優婆提舍，譯云論議，謂經中究問推尋辨明法相處，如佛世尊所說諸經，若依論議分別廣說辨其相貌。又佛弟子所說研究甚深素呾纜義，宣暢一切契經宗要，諸論議經，皆名論議。此又名摩呾理迦，謂於是處世尊自廣分別諸法體相。又於是處，諸聖弟子已見諦迹，依自所證，無倒分別諸法體相，皆名摩呾理迦。

此十二部中，契經，應頌，諷頌；經文上能詮之文體也。餘九，從其經文所載別事立名。

第四篇　宇宙萬有之區分及其解釋

第一章　三界

第一節　三界六道

佛典分宇宙法界卽世界，爲有情世間器世間二種。有情世間者，有情諸生，由前世之業力所招感之身心；卽有情自體。五蘊假和合成人天鬼畜等別，名有情世間。器世間者，有情自體所依止之山河大地，草木禾稼，宮室園林，日月光明等。四大積聚成山川草木國土等別，名器世間。有情世間者，正報（果報正體）。有情者，梵云薩埵，此言有情，有情識故。又有情者愛也，能有愛生故。總攝六道衆生。器世間者，依報（正報所依）。容受有情，故名爲器。

更分此世界爲欲界色界無色界三種，又分三界有情爲地獄餓鬼畜生人天五種，或加阿修羅爲六種，所謂三界五趣六道是也。界者，持義；謂能持欲等自相。又種族義，謂欲等界，有欲等種族，爲自類法之生本。又差別義，謂彼此差別，不相混濫。趣者，所往義；謂有情衆生，依業因之差別，所歸趣處。道者，道途義；謂衆生輪迴往來之道途。

欲界者，欲者貪欲，婬食二欲強盛之有情所棲息之世界也。貪欲所屬界，說名欲界。色界者，色者質礙，卽物質義，或示現義。此界有情，不唯無男女欲，復離段食，寂靜淸淨，唯有勝妙之形色。正報之色身，依報之宮殿國土，殊妙精好，說名色界。欲界雖亦有色，然彼欲勝，故但言欲。無色界者，名非色之法，體爲無色。此界欲色並離，正報唯受想行識四蘊之假和合，無色身，又無依報之宮殿國土，唯以識心往深妙之禪定，故名無色界。此界以無色法，不能定其方處，但就果報勝義，云在色界上。一說無色界但無麤色，非無細色。

欲界有地獄餓鬼畜生人四洲六欲天之別。地獄者，梵云捺落迦，譯云不可樂，又云苦具，亦云苦器，受罪處也。處所不定，今言地獄，從本大處以爲言耳，非正翻也。此標依報。梵云那落迦，譯云惡者；造惡之者，生苦器中，受彼苦故，名爲苦器。此標正報。地獄有三類，一根本地獄，八大地獄及八寒地獄也。二近邊地獄，十六遊增地獄也。三孤獨地獄，在山間曠野樹下空中等。

鬼者，梵語薜荔多之義譯。舊譯作餓鬼。常受飢渴，故名爲餓；恐怯多畏，故名爲鬼。此鬼類中，如藥叉（舊譯作夜叉）羅刹，有大威德，故新譯云鬼不云餓。舊譯多云餓鬼，鬼類中餓鬼最多故。五趣中鬼，就餓鬼說。

畜生，新譯作傍生，義謂傍行之生類。此類徧在諸處，披毛戴角，鱗甲羽毛，四足多足，有足無足。

人四洲者，多思慮故，名之爲人。人處有四洲之別。佛典依印度之古說，謂須彌山爲一小世界之中心，又謂世界從輪層成。先由有情業增上力，從空界中十方風起，互相衝激，堅密不動，爲妙風輪。次起金藏雲（金色雲）徧布虛空，注大洪雨，澍風輪上，滯如車軸，結爲水輪。次復起風，摶擊此水，令上結成金，如熟乳停，上凝成膜，卽金地輪。於金輪上，有九大山，須彌山王處中而住，出水八萬由旬（新譯作踰繕那，數量之稱，或云有三等，上八十里，中六十里，下四十里，或云三十里），入水亦然。須彌者，舊譯，新譯作蘇迷盧，此云妙高。此高山外，有持雙（一作雙持），持軸，擔木，善見，馬耳，象鼻（一作障礙），持邊（一作持地，又作魚嘴），七重金山圍繞之。其外圍復有鐵輪圍山，周匝圍繞，是爲一小世界。須彌山與七金山間，各有大海，名爲內海。第七金山外，有鹹海，以鐵輪圍山限之。卽此九山間有八海，前七名爲內，七中皆具八功德水（一甘，二冷，三輭，四輕，五清淨，六不臭，七飲時不損喉，八飲已不傷腹）。第八名爲外，鹹水盈滿。於外海卽須彌山四方鹹海中，有四大洲，亦云四天下。一南瞻部洲，舊稱南閻浮提。此洲有瞻部林，樹形高大，其菓甘美，或從林立號，或以菓立名。二東勝身洲，梵云東毘提訶，舊稱東弗婆提。身形勝故，依以立名。三西牛貨洲，梵云西瞿陀尼，舊稱西瞿耶尼。以牛爲貨故，依以立名。四北俱盧洲，舊稱北鬱單越，譯云勝處。於四洲中，國土最勝故，依以立名。

六欲天者，所謂天，指住上界之生類，非謂天空。大然自然，樂勝身勝，清淨光明，世間無比名之爲天。六天有欲，名六欲天，一四大王衆天，一作四王天，在須彌山腹，有東持國天西廣目天南增長天北多聞天四大王及所部天衆，故名四大王衆天，二忉利天，譯云三十三天，在須彌山頂，四面各有八天，中央有一，即天帝釋，合名三十三天。如佛地經論謂此山頂四面各有八大天王，帝釋居中，故有此數。又慧苑音義謂須彌山頂四方各有八天城，當中有一天城，帝釋所居，總數有三十三處，故從處立明。三夜摩天，譯云時分，謂彼天處時時多分稱快樂。四覩史多天，舊云兜率，譯云喜足，舊云知足；謂彼天處，多於自所受五欲樂，生喜足心。五樂變化天，舊云化樂，謂彼天處，自化諸妙欲境，於中受樂。六他化自在天，謂彼天處，於他化諸妙欲境中，自在受樂。大智度論謂此天奪他所化而自娛樂，故言他化自在，又俱舍頌疏謂他化自在天，於他化中得自在故。此天，四魔中天魔也。魔具云魔羅，譯云能奪命，又障礙，擾亂，破壞，又殺者，惡者等。四魔者，一煩惱魔，貪等煩惱，能惱害身心，故名爲魔。二陰魔，又云五衆魔，新譯云蘊魔，色等五陰，能生種種苦惱，故名爲魔。三死魔，死能斷人命根，故名爲魔。四他化自在天子魔，新譯云自在天魔，他化天主，能害人善事，故名爲魔。或言第六天上，別有魔宮，魔王波旬（新譯作波卑夜，翻云惡者）居之，非他化天主。六天中，四王忉利，以居住須彌山，名地居天。餘四依空而居，名空居天。四天王各護一天下，故有護世四王之稱。帝釋爲四王忉利二處天主，他化自在天王爲欲界主。

空居天上，有色界諸天，修四種禪定所生之天處也。由禪定有四種之淺深，生處亦有四處之高下，是曰四禪天，新譯作四靜慮。初禪三天，一梵衆天，大梵所有所化所領，故名梵衆。二梵輔天，大梵天王之輔相也。輔翼梵王，故名梵輔。三大梵天，廣善所生名梵，此梵即大，故名大梵。由彼獲得中間定（位於初禪二禪中間之禪定）故，彼在初禪天最初生最後沒故，威德等勝故。名爲大梵。常云大梵，指大梵天王。千世界中，有一梵王，通爲千世界主。有部於初禪立梵衆梵輔二天，攝大梵於梵輔中，謂梵天無別處所，但於梵輔中有高樓閣者是。上座部立大梵天，由身壽不同故。梵者，離欲清淨義。此三天離欲界欲，寂靜清淨，故云梵天。

二禪三天。一少光天，自地天內，光明最少，故名少光。二無量光天，光明轉增，量難限故，名無量光。三極光淨天，光明勝前，徧照自地，故名極光。舊譯作光音天，無覺觀（新譯作尋伺，麤思名覺，細思名觀）語言，以光當語。又此天語時，口出淨光，故名光音。

三禪三天。一少淨天，意地樂受，說名爲淨；於自地中，此淨最少，故名少淨。卽離喜受樂爲淨，未及上位爲少。二無量淨天，此淨轉勝，量難限故，名無量淨。三徧淨天，此淨周普，故名徧淨。

四禪八天。一無雲天，以前諸空中天，所居地如雲密合，此上諸天，更無雲地，居無雲之首，故號無雲。卽下三禪皆依雲住；至此四禪，方是空居。二福生天，異生有勝福力者，方可往生，故名福生。三廣果天，於色界中，異生生處，果報最勝，故名廣果。上座部於廣果天上，立無想天，謂與廣果因果別故。唯識同上座部義。經部廣果天中，有高勝處，名無想天，非別有地。有部及瑜伽亦然，卽廣果攝，無別處所。一期果報，心想不行，故名無想。四無煩天，無煩雜中，此最初，故說名無煩。五無熱天，意樂調柔，離諸熱惱，故名無熱。六善現天，果德易彰，故名善現。七善見天，見極淸徹，故名善見。八色究竟天，有色天中，更無有處，能過於此，故名色究竟。此五天者，證不還（阿那含）果之聖者所生之天處，故名五淨居天，亦名五不還天。或於色究竟天上，立大自在天（梵云摩醯濕伐羅，舊譯作摩醯首羅），居色界頂，主大千界。有大勢力，於大千世界中，得自在故；名大自在。此天是十地菩薩最後生處。

無色界者，修四空處定所得之正報也。由禪定壽命等勝劣有殊，差別爲四。一空無邊處天，修虛空無邊定所生之天處也。初修無色定，必先厭色，思無邊空，作空無邊際之觀解。心與無邊空相應，是爲空無邊處定。二識無邊處天，修心識無邊定所生之天處也。次厭外空，復思內識，作識無邊際之觀解。心與心識無邊相應，是爲識無邊處定。三無所有處天，修心識無所有定所生之天處也。次識亦厭，復思無所有，作無所有之觀解。心與無所有相應，是爲無所有處定。四非想非非想天，舊云非有想非無想；又稱非想天，亦名有頂天。生此天處之有情，定心深妙，非下七定麤想，故名非想。有細想故，不同無心，名非非想。心與非想非非想相應，是爲非想非非想處定。

阿修羅，又曰阿須倫，新譯作阿素洛，譯云非天，果報最勝，鄰次諸天而非天，又無天德，故名非天。亦云無端正，又云無酒。大力神也。或居海岸海底，或居牟須彌山巖窟，宮殿嚴飾，常好鬬戰。茲將三界六道列表如左。

- 三界
  - 欲界
    - 四惡趣—地獄　餓鬼　畜生　修羅
    - 人四洲—南瞻部洲　東勝身洲　西牛貨洲　北俱盧洲
    - 六欲天—四大王衆天　忉利天　夜摩天　覩史多天　樂變化天　他化自在天
  - 色界
    - 初禪三天—梵衆天　梵輔天　大梵天
    - 二禪三天—少光天　無量光天　極光淨天
    - 三禪三天—少淨天　無量淨天　徧淨天

四禪八天—無雲天　福生天　廣果天　無煩天　無熱天　善現天　善見天　色究竟天

無色界—四空處天—空無邊處　識無邊處　無所有處　非想非非想處

三界又稱三有，生死境界，有因有果，故名爲有。更細分爲二十五有，又二十九有。二十五有者，四洲四有，四惡趣四有，六欲天六有，梵天一有，無想天一有，那含天一有，四禪天四有，四空處天四有。又分第六那含天爲五有，合爲二十九有。

第二節　定散二地

又分三界爲定散二地。地者，依處義。欲界名散地，欲界生得心，散亂麤動，不能專注一境，故欲界中六欲天並四大洲地獄等，盡稱散地。色界無色界，住深妙之禪定，定心微細寂靜，能專注一境，故名定地。

第三節　九地

又依三界，施設九地。欲界一地，色界四禪，分爲四地；無色界四空，分爲四地；共爲九地。九地者，一五趣雜居地，卽欲界也。欲界雖地獄餓鬼畜生人天五趣並有，而同爲散地，合之爲一。二離生喜樂地，卽色界初禪天也。離欲界欲及惡不善法，生喜樂二受，名離生喜樂。三定生喜樂地，卽二禪天也。離初禪尋伺故，禪定轉勝，故名定。由定所生喜樂，更勝初禪，故名定生喜樂。四離喜妙樂地，卽三禪天也。由離二禪欲故，離二禪麤大有分別喜之踊動，而得靜妙無分別之樂。卽離麤動之喜受，住勝妙之樂受，離喜之樂，名離喜妙樂。五捨念清淨地，卽四禪天也。由離三禪欲故，復無有樂。由有樂故，仍有動轉。今離尋伺喜樂一切動故，其心平等，其心正直。心無動轉而安住故，名捨清淨。由超過尋伺喜樂一切動故，心不忘失而明了性，名念清淨。離麤動之樂受，住清淨之捨（受）念，名捨念清淨。六空無邊處地，卽無色界第一天也。七識無邊處地，卽無色界第二天也。八無所有處地，卽無色界第三天也。九非想非非想處地，卽無色界第四天也。是爲三界九地。

第四節　三千大千世界

下從地獄，上至梵世（梵世天又梵世界之略，初禪天也，又總稱色界諸天），一日月周徧流光所照方處名一世界。如是千日月，千六欲，千初禪，是謂小千。卽合千世界，總名小千世界。以小千爲一，數至千，名中千。卽千小千界，總名第二中千世界。其中有一三禪，一千二禪，百萬初禪。以中千爲一，數至千，名大千。卽千中千界，總名第三大千世界。其中有一四禪，一千三禪，百萬二禪，億萬初禪。須彌山王，四洲日月，乃至梵天，各有萬億。一大千世界，含容小千中千大千三種千，合稱三千大千世界，爲一佛土，卽一佛化境，號爲娑婆世界。如前所述，娑婆者舊稱，新譯作索訶，娑訶等。實則原語有梵（雅語）俗兩形，娑婆者梵語，索訶者俗語，非同一原語之異譯。娑婆之原義爲雜會，此世界六道衆生雜處故。索訶者忍，又堪忍義，因譯云忍土。此界衆生，安於十惡，不肯出離，從人名土，故稱爲忍。如悲華經謂是諸衆生忍受三毒及諸煩惱，故名忍土。又諸菩薩，行利樂時，堪受諸煩惱義。如法華玄贊謂諸菩薩等，行利樂時，多諸怨嫉，衆苦逼惱，堪耐勞倦而忍受故，因以爲名。

第五節　四刼

佛典分世界之成壞爲成住壞空四期，曰成住壞空四刼。刼者，梵語刼波刼簸之簡稱，譯云時分，又大時，長時，分別時節等。不能以通常之年月日時計算之遠大時節也。時之極少名刹那，時之極長名爲刼。從人壽無量歲，每百年減一歲，如是減至十歲（減刼）。復從十歲，每百年增一歲，或云子倍父壽如是增至八萬歲（增刼）。合此一增一減二，或云一增或一減，爲一小刼。二十小刼，爲一中刼。成住壞空四刼，中刼也。總成住壞空四中刼，爲一大刼。

一成刼者，世界成立時，第一期也。成刼中，初一小刼，成器世間。後十九小刼，成有情世間。一切有情業增上力，空中漸有微細風生。風漸增盛，成立如前所說風輪水金輪等。然初成立大梵王宮乃至夜摩天宮，後起風輪等。方前世界壞時，初禪已下有情，上昇二禪已上；成刼初，有一有情從極光淨天沒，下生初禪大梵天中，是爲梵王。後諸有情，亦從彼沒，有生梵輔，有生梵衆，漸漸下生六欲諸天人趣，乃至畜生餓鬼；至最後一有情，生無間地獄，成刼已滿。

二住刼者，世界成立以後安穩存住時，第二期也。其中有二十增減刼，謂從風起，造器世間乃至後時，有情漸住；此洲人壽經無量歲；至住刼初，壽方漸減。如前所述，每百年減一歲，如是減至人壽十歲，名爲第一減刼。此後十八刼中，皆有一增一減；謂從十歲增至八萬歲，復從八萬歲減至十歲。第二十刼，唯有增刼無減。於減刼末，有刀兵疾疫飢饉三災。人壽減至三十歲時，飢饉災起；由人民皆行十惡，草菜米穀，悉皆隱沒，人多餓死，郡邑空荒。減至二十歲時，疾疫災起；由人行惡復盛，俱遭病死，郡邑空荒，唯少家在。減至十歲時，刀兵災起；由人行惡轉盛，各起殺害之心；能行惡者，爲人所敬；隨執草木瓦石，皆成刀劍，更相殘害，橫死無數。已上謂之小三災，但壞正報。

三壞刼者，安住之時間既去，歸於壞滅時，第三期也。亦有二十小刼，初十九刼，壞有情世間。最後一刼，壞器世間。前名有情壞，後名外器壞。其在有情壞，與前成刼相反；

從最下之地獄，漸漸上昇至餓鬼畜生人天。若時地獄有情命終，無復新生；爲壞刧始。乃至地獄無一有情，名爲地獄已壞。餓鬼，畜生，阿修羅，人，六欲天；亦次第盡。乃至初禪，有情都盡。各隨其業因，或上昇二禪已上，或轉生於他方世界中。如是始從地獄，終至梵天，經十九增減，有情世間，次第壞盡，名已壞有情世間；唯器世間空曠而住。其最後一刧，大火災起，焚燒世界，初禪已下，燒盡無遺。第二禪中，有俱生水界起，壞器世間，猶水消鹽，一時俱沒。第三禪中，有俱生風界起，壞器世間，吹諸天宮，相拍粉碎。初禪內有覺觀火擾亂故，外爲火災所燒。二禪內有喜水擾亂故，外爲水災所漂。三禪內有出入息風擾亂故，外爲風災所壞。四禪外宮殿等，雖無外災成壞，然隨彼天生，宮殿俱起；若天命終，宮殿亦沒；卽說此爲成壞，是故彼器體亦非常。

四空刧者，破壞後唯有虛空時，第四期也。亦有二十小刧。壞刧之後，自初禪已下，世界空虛，猶如壘穴，無晝夜日月，唯有大冥。如是二十增減之久，名爲空刧。

每一三千大千世界，同壞同成；譬如天雨，滴如車軸，無間無斷，從空下注。如是四方上下，各有無量無邊三千世界，或有將壞，或有將成，或有正壞，或壞已空，或有正成，或成已住。

第六節　無始無終

如上所述，三千大千世界，有無量無邊，佛典狀以微塵，或曰恒河沙數；曰十方微塵世界，或塵數世界，或十方恒沙世界。要之，宇宙法界，以空爲緯，以時爲經。然空無邊無際，絕限量方分，曠遠綿邈。時無始無終，絕前後本末，悠久無疆。空時二者同無限故，其所織成之宇宙萬有亦無限。於無限空間，有無限之世界森羅。於無限時間，有無限之世界消長。卽世界貫無限時，亘無邊空，因果連續。因前有因，永永不能知其始。果後有果，漫漫不能測其終。

第二章　萬法

第一節　百法

宇宙間之森羅萬象，其數無量無邊，佛典名之曰萬法，或曰諸法，亦曰一切法。法者，總該一切事物之稱，梵語達磨之義譯也。所謂萬法，卽萬有萬事萬物之意。達磨之本義爲軌持。持者，任持自性。軌者，軌生物解。任持自性者，任載攝持自家之特性。軌生物解者，能爲軌範令他生解智。宇宙間所有萬事萬物，無論爲小爲大，爲有形爲無形，爲眞爲僞，爲事爲理，無不各自任載攝持自家一定之特性，常不改變。以任載攝持自家之特性故，能爲軌範，令他生某事某物等解；故概名爲達磨，義譯云法。

關於法界諸法卽宇宙萬有之分類，有種種施設；俱舍論立七十五法，百法明門論立百法。

百法論，又分百法爲五位，謂一切法略有五種。一者心法，略有八種。二者心所有法，略有五十一種。三者色法，略有十一種。四者心不相應行法，略有二十四種。五者無爲法，略有六種。是爲五位百法。俱舍論亦分七十五法爲五位。一者色法，此有十一。二者心法，唯一。三者心所有法，有四十六。四者心不相應行法，此有十四。五者無爲法，此有三種。是爲五位七十五法。

佛典區分萬有有二次第，第一法相生起之次第，第二唯識轉變之次第。法相生起之次第者能緣（攀緣對象）心心所，必托所緣色境，方乃得生。猶如羸人，非杖不起。有色法然後心法生焉，故先色而後心。唯識轉變之次第者，一切萬法，皆從心識轉變而生，非離心識別有自體。有心然後有色，故先心而後色。俱舍等小乘論，初舉色法，次舉心法等者；依法相生起之次第。百法等大乘論，初舉心心所，次舉色法等者；依唯識轉變之次第。

一　心法

心法者，心作用之根本主體，自在緣取各自所對境界之總相，起分別慮知之作用。此法必領有他心所法，故又名心王。造善造惡五趣輪轉，乃至成佛，皆由此心。有爲法中此最勝故，所以先言。此有八種，一眼識，二耳識，三鼻識，四舌識，五身識，六意識，七末那識，八阿賴耶識。識者，心之別名，其本義爲了別。了謂覺了，別謂分別；能於對境覺了分別，故名爲識。是曰八識心王。俱舍六識心王，共立爲一。

第一眼識者，依於眼根卽視神經之感動所起，了別靑黃等色長短等形之心也。第二耳識者，依耳根卽聽神經之感動，了別音樂等內外音聲之心也。第三鼻識者，依鼻根卽嗅神經之感動，了別沈麝等好惡香之心也。第四舌識者，依舌根卽味神經之感動，了別甘辛等味之心也。第五身識者，依身根卽觸神經之感動，了別堅濕煖動澁滑等觸境之心也。此五種識，又總名前五識。

第六意識者，以意根卽第七末那識爲所依，通過去現在未來三世，廣向法境，卽有爲無爲一切法，亦卽一切事理思惟了別之心也。通常所謂思慮分別，皆此第六意識之作用。此識常與前五，合稱前六識。

第七末那識者，末那者，梵語，譯云意。此所謂意，以思量爲義。思者思惟，量者量度。無始以來，無間斷，以第八阿賴耶識爲所依，復以彼第八識爲所緣境，向之恒審思惟量度，迷執爲自內我之心也。此識與前第六識同名，然此識識體卽意。前第六識者，依此末那即意所起之識。爲避相濫，存末那名。末那已下七識者，從第八識轉生之枝末識，故名七轉識。

第八阿賴耶識者，阿賴耶，譯云藏。此有情根本之心識，而生起有漏無漏一切有爲法之根本也。對七轉識，名爲本識。能攝藏一切諸法之種子，變現一切現行諸法，故名藏。種子者，第八識自體上親生起各自果法之功能，卽能生起一切萬有之潛勢力。現行者，從第八識之種子顯現行起之一切法。色心諸法，於現起位，皆名現行。恒自變現種子根身器界三種境，卽以所變爲自所緣，故名識。根身具云有根身，謂眼耳鼻舌身五根。身者總名，身中有根名有根身。器界，具云器世界，卽前所述器世間，謂山河草木飲食器具等。

百法論解，謂心法總有六義。一集起名心，唯屬第八。集諸種子，起現行故。二積集名心，屬前七轉識。能熏積集諸法種故。或集起屬前七轉。現行共集熏起種故。或積集名心，屬於第八。含藏積集諸法種故。三緣慮名心，俱能緣慮自分境故。四或名爲識，了別義故。五或名爲意，等無間故。六或第八名心，第七名意，前六名識。唯識演秘謂心意識三，皆有通別。若緣慮名心，依止名意，了別名識，此卽通名，八識皆有此三名故。若積集名心，思量爲意，了麤名識，乃是別名，如次別屬第八七六。

二　心所法

心所法，具云心所有法者；心王所領有之貪瞋等衆多別作用也。言心所者，具三義故。一恒依心起要依心王，方得生起。二與心相應常與心王，同依（根）同緣（境）及與同時。三繫屬於心，設離於心，不能自有。具此三義，名爲心所。心王是其能有，此等諸法，心王之所有，如臣爲王所有，故名心所有法。望於心王，此卽爲劣，先勝後劣，所以次明。

心王唯緣取境界之總相，心所於彼，不唯緣取總相，亦緣取其別相。如對一株綠樹，緣取其綠色之全體，了知此是綠色者；心王也。不唯緣取綠色，又緣取其上所含之濃淡等差別，乃至可意生貪求之念，不可意起厭惡之情者；心所也。此有五十一種，別爲六位。一徧行，二別境，三善，四煩惱，五隨煩惱，六不定。

徧行者，周徧與一切心王相應俱起之心所。一切心作用生起時，必隨屬而發動；徧八識一切時地（三界九地）及一切性（善惡無記），俱能行起，有識卽有，故名徧行。此復有五，一作意，警覺他心心所令趣自境之作用也。二觸，根境識三和合時，令心心所觸於前境，生起受想思等他心所之作用也。三受，領納所觸對之順情（可意）境，違情（不可意）境，俱非境；覺知苦樂，不苦不樂，生起和合欲，乖離欲，非二（和合及乖離）欲之作用也。此受差別有三，一樂受，二苦受，三捨受（不苦不樂受）。四想，卽想像，於諸境取其相貌方圓等像，隨安立種種名言之作用也。五思，造作義，令心造作善惡無記等業之作用也。

別境者，對各別之境界生起之心所，緣別別境而始得生，非一切境皆得生起，故名別境。此亦有五，一欲，於所樂之境（可愛樂事），希望願求之作用也。二勝解，殊勝之解了義，對善惡邪正境，明了了解，心生決定，是事必爾之作用也。三念，明記不忘義，即記憶於曾所習境界（即曾經驗之事實）令心明記不忘之作用也。四定，於一境界，平等持心令心專注之作用也。五慧，於所觀境，簡擇分別之作用也。

善者，唯與一切善心相應俱起之心所。自性清淨，離諸愆穢，故名爲善。此有十一，一信，於三寶等，起殊勝之解了，故淨信不疑；自性清淨，復能清淨餘心心所之作用也。二精進，勇於修善斷惡之作用也。三慚，於所造過惡，內自羞恥之作用也。四愧，於所造過惡，羞恥於他之作用也。五無貪，於可意境，不生染着之作用也。六無瞋，於不可意境，不生瞋恚之作用也。七無癡，於諸事理，明解不迷之作用也。八輕安，令身心輕妙安穩之作用也。九不放逸，於修善斷惡，一心專注之作用也。十行捨，令心離惛沈掉舉平等正直之作用也。行蘊所攝，簡別彼受蘊所攝捨受，云行捨。十一不害，悲愍有情，不爲損惱之作用也。

煩惱者，煩擾惱亂有情身心，令不寂靜之心所。亦稱惑，謂迷妄之心。此有六種，一貪，於可欲境，愛樂耽著之作用也。二瞋，於可憎境，瞋恚熱惱之作用也。三癡，亦稱無明，於諸事理，愚癡迷闇，不了眞理眞相之作用也。了其眞實，名之爲明。不了眞實，號曰無明。四慢，恃己所長，於他高舉之作用也。五疑，於迷悟因果眞實理（四諦），心懷猶豫之作用也。六惡見，亦稱不正見，於迷悟因果理，顚倒推度之作用也。稱境而知，名爲正見。此見邪僻，名不正見。以上六種煩惱者，諸煩惱之根本；餘一切煩惱，皆隨從此六種煩惱而起，故名根本煩惱。

隨煩惱者，隨從根本煩惱而起之染污心所，亦稱隨惑。此有二十種，一忿，對現前逆境，憤懣交懷，發暴惡身表業之作用也。二恨，於先所忿事，結怨不捨之作用也。三惱，追念先忿恨事，或觸現前逆境，暴熱很戾之作用也。四覆，於所造過惡，恐失利譽，隱藏遮護之作用也。五誑，爲矯妄於他，譎詐惑亂之作用也。六諂，爲罔冒他，矯現恭順，阿諛曲媚之作用也。七憍，於自盛事，驕矜自恃，倨傲凌人之作用也。八害，於他有情，侵損逼惱，心無悲愍之作用也。九嫉，見他盛事，媢嫉不耐之作用也。十慳，於財法等，堅着不捨之作用也。十一無慚，於所造過惡，不自羞恥之作用也。十二無愧，於所造過惡，不羞恥他之作用也。十三不信，於三寶等，不正信順之作用也。十四懈怠，怠於修善斷惡之作用也。十五放逸，於諸煩惱，心不防護；於諸善品，不能修習；放蕩縱逸，不自檢束之作用也。十六惛沈，令心惛瞢沈重之作用也。十七掉舉，令心輕躁浮動之作用也。十八失念，於曾習境，不能明記之作用也。十九不正知，於所觀境，邪了不達（謬解）之作用也。二十散亂，於所緣境，令心散亂，流轉不息之作用也。

不定者此一類心所，廣通三性，不定是善，不定是煩惱；唯意識有，不定遍一切心；唯在欲及初禪，不定遍一切地；故名不定。此有四種，一睡眠，令身不自在心極闇昧之作用也。二惡作，謂心變悔；於已作未作善不善事，先惡所作，後起追悔之作用也。以果從因，名變悔爲惡作。三尋，令心於意言境，麤尋求其義理之作用也。意所取境，多依名言，名意言境。四伺，令心於意言境，更細伺察其義理之作用也。

此心所法，諸論開合不同。若依瑜伽，有五十三法，隨煩惱中，更加邪欲及邪勝解。爲別境五中邪念定慧，入隨煩惱；邪欲勝解，例亦同故。若依對法，有五十五，六煩惱中，開不正見以為五種，謂薩迦耶（身）見，邊執見，見取見，戒禁取見，邪見。薩迦耶見者，謂於五蘊假和合之身心上，起我我所見。邊執見者，謂於前我見，隨執着斷常二邊。郎就前所執我體，執為常住（常見），或執死後斷滅（斷見）。見取見者，謂於身邊等見及其所依五蘊（自身），執為最勝。戒禁取見者，謂於隨順諸見之戒禁（戒法）（如塗灰斷食等種種苦行）及其所依五蘊，執為最勝。邪見者，謂撥無因果，及餘四見所不攝之諸邪執。以此五見雖俱是慧，行相不同，開之為五。百法五蘊，唯識顯揚，俱約合義，說五十一。以五見俱是慧，雖行相不同，無異體故。以正念定慧，五善根攝；邪念定慧，親為近障，過失重故，入隨煩惱中。正欲勝解，非入善根；邪欲勝解障輕，合在別境。

俱舍心所，亦分六位，共四十六。一大地法十，謂受，想，思，觸，欲，慧，念，作意，勝解，三摩地（定）。此十恒於一切心有，故名大地法。二大善地法十，謂信，不放逸，輕安，捨，慚，愧，無貪，無瞋，不害，勤（精進）。此十恒於諸善心有，故名大善地法。三大煩惱地法六，謂癡，放逸，懈怠，不信，惛沈，掉舉。此六恒於染污心有，故名大煩惱地法。四大不善地法二，謂無慚，無愧。此二恒於不善心有，故名大不善地法。五小煩惱地法十，謂忿，覆，慳，嫉，惱，害，恨，諂，誑，憍。此十少分染污心俱，故名小煩惱地法。六不定地法八，謂尋，伺，睡眠，惡作，貪，瞋，慢，疑。此八其性不定，故名不定地法。

三　色法

色法者，有質礙之諸法，卽通常所謂物質。所謂色，有質礙變壞示現等義。質礙者，有體質，彼此相拒相礙。變壞者，有質礙故，遇餘手足刀杖等觸對，卽便轉變破壞。示現者，有方所形相表示顯現。此色法乃心王心所二所現之影相，先能後所，故次明之。此有十一種。卽五根五境及法處所攝色。

五根者，一眼根，謂照矚青黃等色，長短等形；令內界之心作用卽眼識生起之官能。二耳根，謂能聞音樂等聲，令耳識生起之官能。三鼻根，謂能齅沈麝等香，令鼻識生起之官能。四舌根，謂能嘗甘辛等味，令舌識生起之官能。五身根，謂接觸澀滑等境，令身識生起之官能。根者，能生義，增上義。此五法有勝用增上力，能發起眼等五識，令緣取色等五境，故名爲根。

五境（舊譯作五塵）者，色聲香味觸，眼耳鼻舌身五識所遊履攀緣之境界也。一色者，眼根及眼識之對境，謂顯色形色及表色等。顯色，謂青黃赤白光影明闇雲煙塵霧空一顯色等。形色，謂長短方圓麤細高下正不正等。表色，謂取捨屈伸行住坐臥等。二聲者，耳根及耳識之對境，謂內聲外聲內外聲，即有情聲非情聲非情俱聲等。內聲，謂手相擊語言等聲。外聲，謂風林駛水等聲。內外聲，謂以手叩弦等聲。三香者，鼻根及鼻識之對境，謂芬馨惡臭等。四味者，舌根及舌識之對境，謂苦酸甘辛鹹淡等。五觸者，身根及身識之對境，謂能造大種及所造假觸。能造大種者，謂地水火風四大。堅勁義，是地義。流濕義，是水義。温熱義，是火義。輕動義，是風義。此四爲依，方有造色。色香味等，必依此四生故，故此名能造大種，餘名造色。言大種者，周遍一切色法，故名大。能生一切色法，故名種。即以體寬廣，別相增盛，起大事用，故名爲大。與彼餘色爲所依性而能生成，故名爲種。言造色者，一切色香味等，依前四大之所生起故，是彼所造，名所造色。大種者，觸境之實體也。於此四觸境之分位，有所造假觸，謂澀滑輕重等身體外部之感覺，冷飽力劣等身體內部之感覺等。

法處所攝色者，非前五識之對境，但第六意識所緣。意識所緣境，總名法處。此中極略色，極迥色，受所引色，定所生色，徧計所起色，五種者；意識所對，攝屬法處之色法；故名法處所攝色。就中極略極迥，皆極微。極微者，以假想漸次分析土石竹木等麤色，至不可析，假說極微，非別有實體。小乘有部宗所謂極微，三世實有，常恒不變。經部成實，現在實有過未無體。大乘法相唯識宗，一切物質，大自日月星辰山河國土，小至微塵之細，隨其量之大小，從阿賴耶識之種子頓現，非別變作衆多極微，合成麤色。一極略色者，十五種色法之極微。十五種色法者，五色根除迥色等餘五色境，四大種，法處實色。法處實色者，次定果實色。次第分析此十五種色法，至極小處，卽極微，名極略色。二極迥色者，空界色之極微。空界色者，明闇光影迥色及空一顯色。空界色上下見別，分成迥色及空一顯。此六種總稱迥色。離礙方顯，立以迥名。分析此迥色至極微，名極迴色。三受所引色，謂無表色，由領受諸戒品（五戒十善戒等）所引發，故名受所引色。四徧計所起色者，無實事之諸色相，謂不明了意識，獨緣根境，虛妄構畫所變；如龜毛兔角空華之類。五定所生色，一名定自在所生色，謂由定力所變現之色聲等色法。勝定力故，於一切色皆得自在，如入火光定，則有火光發現等。此色通假實，八地以上菩薩，能變現實法，是曰定果實色。

俱舍色法，共有十一，五根五境及無表色。法處所攝，獨立無表。

四　不相應行法

不相應行法者，不與色相應，亦不與心相應，但是色心諸有爲法上生滅流轉因果分位差別相狀。故非離色心心所三法，別有實體。但是第六識所緣境，而於上三法之分位建立之假法。不似色心質礙緣慮，故名不相應。生滅無常，故名曰行。或言行者，卽行蘊。行蘊所攝法，有二種。一相應行，謂諸心所有法，與心相應，故名心相應行法。二卽此不相應行，不與心相應，故名心不相應行法。不相應無別實體，但藉前三位差別假立，前三是實，此一爲假，先實後假，故次明之。此有二十四種，一得，包獲成就不失之義。有情之身中，成就色心等諸法時；其成就之作用，假名爲得。亦通非情。二命根，謂有情之壽命，卽所謂生命是也。先業所感第八識內之種子，令現在之色身，二十年乃至五十年百年，一期相續。其連持色心不斷之功能，假名命根。三衆同分，五趣有情同類相望，五蘊和合之身形業用等，彼此相似。於其同類相似之分位，假名衆同分。四異生性，異生者，異於聖人之生類。謂於聖法未得未證，異於聖，故號曰異生。於未成就一分無漏聖法，卽未得見道已來，色心心所有法上，假立異生性。五無想定，謂一類外道，厭想如病，欲生無想天，所修之有漏定。此定想等心聚（六識及餘心所），悉皆不行，而云無想者，想滅爲首。謂此外道，厭想如病，忻求無想，以爲微妙；立此定名。六滅盡定，謂諸聖者，欲暫止息受想勞慮，所修之無漏定。此定令不恆行心心所（諸六識心心所法）滅，及染第七恒行心聚皆悉滅盡，故名滅盡定。七無想事，又云無想果，謂由先無想定，受生無想天，五百刼中，自生至死，中悉無想。八名身（名詞），名謂詮表事物之自性者，如山川松竹等，單名也。二名已上方名名身。三名已上，名多名身。九句身，句謂詮表事物之義理者，如山高水長等，單句也。二句名句身，三句已上名多句身。十文身，文卽是字（字母），謂名句所依之音聲屈曲及字形。如眼，梵云斫芻，單言斫，單言芻，未有詮表，名之爲字。十一生，十二住，十三老，十四無常。諸有爲法，先無今有名生，暫停名住，變異名老，今有後無名無常。十五流轉，謂諸法念念生滅，因果不斷。十六定異，謂諸法善惡因果，互相差別。十七相應，謂諸法因果相稱，不相違背。十八勢速，謂諸法生滅遷流，迅疾流轉。十九次第，謂諸法之生滅流轉，有一定之順序。二十方，謂色法因果相續，有東西南北四維上下等分位。二十一時，謂諸法因果相續，有三世等剋限分齊。二十二數，謂諸法有一十百千等差別。二十三和合，謂諸法衆緣和合，不相乖違。二十四不和合，謂諸法互相乖違。

俱舍不相應行十四，謂得，非得，同分，無想果，無想定，滅盡定，命根，生，住，異，滅，名身，句身，文身。

五　無爲法

無爲法者，眞理之異名也。不生不滅，無去無來，非彼非此，絕得絕失，簡異有爲，無造作故，名曰無爲。此無爲法體性甚深，若不約事以明，無由彰顯。故藉前四斷染成淨之所顯示。能顯四種，性是有爲。所顯一種，唯是無爲。先有爲，後無爲，所以最後明也。此有六種，一虛空無爲，謂空無我所顯眞理，眞空寂滅，離一切障礙。猶如虛空，豁虛離礙，從喻得名。二擇滅無爲，擇謂簡擇，滅謂斷滅。謂以無漏智慧之簡擇力，斷滅一切煩惱漏時，所顯眞理。慧有簡擇之能，故名爲擇。由擇得滅，故名擇滅。三非擇滅無爲，一眞法界本性清淨，不因擇力斷滅所顯；或有爲法，自闕生緣，永礙當生，所顯眞理。非由慧滅，名非擇滅。四不動無爲，生色界第四靜慮時，離前三定，出於三災（水火風）八患（憂，喜，苦，樂，尋，伺，出息，入息八法；妨害禪定，名之爲八患），無喜樂等動搖身心，所顯眞理。唯有捨受現行，不爲苦樂所動，故名不動。五想受滅無爲，生無色界第四天，入滅盡定時，一切染汚心想及苦樂二受不行，所顯眞理，想受不行，名想受滅。六眞如無爲，眞謂眞實，如謂謂如常。諸法眞理，離虛妄顚倒，於一切法常如其性，不變不改，說名眞如。無爲，非虛妄法，故云眞；非變易法，故云如。名爲眞如無爲。此中前五無爲，皆就此眞如無爲所顯位之差別，假立五種名。而眞如無爲體，非如非不如，故眞如名亦是假立。其實非言詮之所及，情識之所測；是曰離言眞如。對之，六種無爲，稱依言眞如。

俱舍立三無爲，一虛空，二擇滅，三非擇滅。

三無爲中擇滅無爲，六無爲中眞如無爲，正聖智所證之眞理也。曰涅槃，曰法性，曰實相，曰法界，皆無爲之異名也。茲將百法論之五位百法，及俱舍論之五位七十五法列表如左。

（一）百法論之五位百法

五位　　　　百法

（一）心法（八）——眼識　耳識　鼻識　舌識　身識　意識　末那識　阿賴耶識

- 有為
  - （二）心所法（五十一）
    - 遍行（五）——作意　觸　受　想　思
    - 別境（五）——欲　勝解　念　定　慧
    - 善（十一）——信　精進　慚　愧　無貪　無瞋　無癡　輕安　不放逸　行捨　不害
    - 煩惱（六）——貪　瞋　癡　慢　疑　惡見
    - 隨煩惱（二十）——忿　恨　惱　覆　誑　諂　憍　害　嫉　慳　無慚　無愧　不信　懈怠　放逸　惛沈　掉舉　失念　不正知　散亂
    - 不定（四）——睡眠　惡作　尋　伺

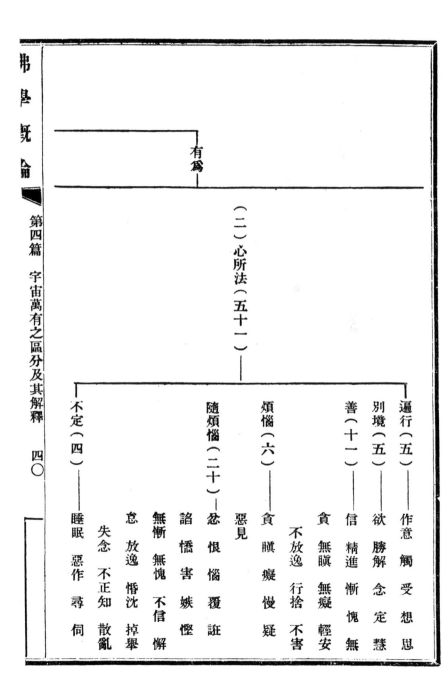

萬有

- (三)色法(十一)——眼 耳 鼻 舌 身 色 聲 香 味 觸 法處所攝色
- (四)不相應行法(二十四)——得 命根 衆同分 異生性 無想定 滅盡定 無想事 名身 句身 文身 生 住 老 無常 流轉 定異 相應 勢速 次第 方 時 數 和合 不和合
- 無爲——(五)無爲法(六)——虛空無爲 擇滅無爲 非擇滅無爲 不動無爲 想受滅無爲 眞如無爲

(二)俱舍論之五位七十五法

五位 七十五法

- (一)色法(十一)——眼 耳 鼻 舌 身 色 聲 香 味 觸 無表色

- 萬有
  - 有爲
    - （二）心法（一）——心王（攝六識）
    - （三）心所法（四十六）
      - 大地法（十）——受　想　思　觸　欲　慧　念　作意　勝解　三摩地
      - 大善地法（十）——信　不放逸　輕安　捨　慚　愧　無貪　無瞋　不害　勤
      - 大煩惱地法（六）——癡　放逸　懈怠　不信　惛沈　掉舉
      - 大不善地法（二）——無慚　無愧
      - 小煩惱地法（十）——忿　覆　慳　嫉　惱　害　恨　諂　誑　憍

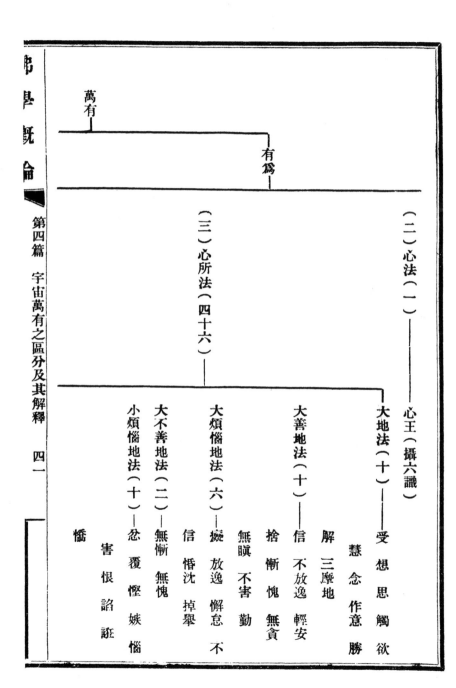

不定地法（八）——尋　伺　睡眠　惡作　貪　瞋　慢　疑

（四）不相應行法（十四）——得　非得　同分　無想果　無想定　滅盡定　命根　生　住　異　滅　文身　名身　句身

無爲——（五）無爲法（三）——虛空無爲　擇滅無爲　非擇滅無爲

第二節　三科

一　五蘊

佛典又分宇宙萬有爲五蘊，十二處，十八界三科。科者，門義。五蘊者，色蘊，受蘊，想蘊，行蘊，識蘊。新譯曰蘊，舊譯曰陰，又譯曰衆。蘊者，積聚義。色等五法，各積集同類法爲一聚，故名蘊。陰者，蔭覆義。衆者，衆多和聚義。變現相，是色相。云何色蘊？謂四大種及四大種所造諸色。此中大種所造色，卽十一處色。此等色法，有種種差別，和合積集爲一聚，故名色蘊。領納相，是受相。云何受蘊？如前所述，受有三種，謂苦受，樂受，不苦不樂受；即接違順等境，領納苦樂捨等。集爲一聚，故名受蘊。構了相，是想相。云何想蘊？謂於境界取種種相。如前所述，於諸境構畫青黃長短男女怨親苦樂等像，隨施設種種名言。集爲一聚，故名想蘊。造作相，是行相。云何行蘊？謂於種種苦樂等位，令心造作一切法非法諸行。集爲一聚，故名行蘊。又除受及想餘心所法及心不相應行，總名行蘊。了別相，是識相。云何識蘊？謂於色聲香味觸等境，覺了分別。集爲一聚？故名識蘊。此中攝九十四種有爲法，不攝無爲。

二　十二處

十二處者，眼處，耳處，鼻處，舌處，身處，意處；是內六處。所謂六根是也。色處，聲處，香處，味處，觸處，法處；是外六處。所謂六境是也。若內能外合十二處。新譯曰處，舊譯曰入。處者，出生義。六根六境，是出生六識之門處，故名爲處。即內六根處，是識所依，外六境處，是識所緣。由根及境爲增上緣，識得生故。入者，涉入義。根境互涉入，故名爲入。此中攝盡一切萬有。即五根五境者，色法。意根者，其體心王，攝諸八識。法處攝四類法，即法處所攝色及一切心所，不相應，無爲，諸法。

三　十八界

十八界者，眼界，耳界，鼻界，舌界，身界，意界；色界，聲界，香界，味界，觸界，法界；眼識界，耳識界，鼻識界，舌識界，身識界，意識界。六根六境六識三，總爲十八界。界者種族義，謂十八法種類自性，各別不同。又能持義，六根六境者、能持六識之所依所緣。六識能持受用，受用者受用境。又自性義，謂能持自體不失。又種子義，十八界種，各別爲因，生十八界法。此中攝盡一切萬有。

第三節　有爲無爲

法界諸法，有形無形，有情非情，千差萬別，大別之爲有爲無爲二種。爲者，造作義。有爲者，諸種因緣和合所作爲，有生滅變遷之法。無爲者，非因緣所作爲，無生滅變遷，湛然常住。百法中前九十四種，乃緣所起法，皆有所作爲，故名有爲。虛空等六無所作爲，名曰無爲。又色心等法，乃生滅之法，皆有初生次住終異後滅，前後集起，評之曰爲。無爲諸法，無生住異滅四相之造作，寂寞冲虛湛然常住，名曰無爲。

第四節　有漏無漏

世出世間，體用各別，故一切法又大別爲有漏無漏二種。漏者，流注漏泄義，煩惱之異名也。貪瞋等煩惱日夜於眼耳等六根門漏泄流注不絕，其猶瘡漏，故名爲漏。又煩惱現行，令心連注流散不絕，名之爲漏。如漏器漏舍，深可厭惡，損汙處廣，毁責過失，立以漏名。又漏失義，煩惱漏失正道，故名漏。又煩惱令人漏落三界生死，不能出離，名漏。有煩惱法，名有漏。離煩惱垢染之清淨法，名無漏。

有漏無漏之分別，與有爲無爲之分別不同，無漏法亦有有爲。舊譯諸師，判佛果德，多不分別所證理能證智，共爲無爲。法相家判四智心品爲有爲，所證理體爲無爲。

第五篇　因果之理法

第一章　總說

萬有之生起，無一不由因緣，緣合則生，緣散則滅。本無自性。然有因必有果，有果必有因。雖緣生無性。而因果歷然。是故佛家以因果爲立教之基礎。因者能生，果者所生。招果爲因，剋獲爲果。因果相生，而天地位焉，萬物育焉。然宇宙至廣，而萬有至繁；流行其間之因果，其理法亦至賾；錯綜綺互，莫可端倪。俱舍等小乘家，立四緣六因五果；唯識等大乘家，立四緣十因五果；以說明之。

第二章　四緣

如前所述，一切有爲法，都從緣生；緣有四種，一因緣，二等無間緣，舊譯作次第緣；三所緣緣，舊譯作緣緣；四增上緣。

一因緣者，親辦生自結果之眞原因也。如上所述，因果之理法至賾，由衆多原因之和合，始生某一結果。然此衆多之原因中，有主要而不可缺之親因緣，是卽所謂因緣也。通常望結果親生爲因，疏助稱緣。今茲所謂因緣，卽因是緣。親辦自體，生自果，爲因。以因卽緣，故名因緣，此唯識等大乘家義，俱舍等小乘家所謂因緣，唯指爲法生緣（生起之緣）之作用。復次俱舍於六因內，除能作一因，所餘五因，是因緣性。唯識有種子現行二類。於親因緣與結果之關係，名因爲種子，果爲現行。如第八識種子，生一切現行法（種子生現行），種子對各自現行法，正爲眞實之原因。卽如眼識之種子，遇根境等緣時，生起眼識之現行，以種子爲因。又現行諸法中，有強盛之勢力者，熏習自種子於第八本識（現行熏種子），與其所熏之種子爲親因。又如第八識中，前念種子，生起後念自類種子（種子生種子），前念種子爲因。此緣通一切有爲法。

二等無間緣，此於心心所法相續上所立，前念心心所，與後念心心所相望，前念爲後念生起之原因。卽前念之心法滅，開避其位，與後念心法，令彼來生；故前念心望後念心爲緣。等者，等同義。前念心與後念心，體用齊等。無間者，前後二心間，無有餘心間起，前心直與後心爲生緣。此緣但限於心法。

三所緣緣，謂諸心心所所攀緣之境界。心心所之所攀緣，卽對境，能起心心所能緣之作用。所緣境望能緣心爲緣，名所緣緣。此亦唯於心法上所立之原因法。凡心法起時，必攀緣所知境。如對花愛其芳馨，對月賞其皎潔。所知境爲心法所攀緣，故名所緣。此所緣爲所起心法作緣，故名所緣緣。此有親疏二種。親所緣緣者，與能緣心心所不相離，親爲心心所所緣，如對於見分之相分等。疏所緣緣者，與能緣相離，然爲所仗本質，能引起親爲心心所所緣之相分。如眼識緣色境，眼識所現影像，名相分。別有從阿賴耶識之種子生之實質色法，爲其影像之所托，名本質。此所緣緣與等無間緣，屬六因中能作因。

四增上緣，有與力不障二義。於他生法與力，卽助令生長，如眼根能生眼識，田土能生米麥，爲有力增上緣，於他生法，雖不與力，不爲障礙，名無力增上緣。此緣通色心諸法，與六因中能作因同。此緣體廣，名增上緣，一切皆是增上緣故。或所作廣，名增上緣，以一切法各除自體，與一切有爲爲增上緣故。

以上四緣中，一切色法，由因緣增上二緣生。心法具由四緣。諸法中，無有一法不從緣生，又必由衆緣和合，不從一因生。

第三章　六因

爲分別說明四緣中因緣增上緣，建立六因。六因者，一能作因，二俱有因，三同類因，舊譯作習因；四相應因，五徧行因，六異熟因。

一能作因者，因是能作，果是所作，因能作果，故云能作，能作卽因，名能作因。謂有爲法生時，與力及不爲障之因體。如俱舍寶疏云，諸法生位，必待勝力各別因緣，及待所餘無障而住。故此因有與力不障二種。所謂與力，謂諸法生時，與彼力者。如眼根生眼識，大地生草木，是曰有力能作因。此有力能作因之因體，只限於有爲法，不通無爲法。無爲法無作用。不向彼生法與力故。不障者，謂諸法生時，雖不與力，不爲障礙。如虛空之於萬物，是曰無力能作因。此無力能作因，通一切無爲法。故能作因因體廣闊，唯除自體。自於自體，恆爲障礙故。其他一切萬法皆悉屬此能作因中。即一切有爲法生時，唯除自體，以一切法爲能作因。餘因雖亦能作果，然彼等皆有別名。故能作者，餘五因以外之稱，總即別名。

二俱有因，俱有者，俱時俱處有，俱有作用，俱有即因，名俱有因。或因與果俱，名爲俱有。俱有之因，名俱有因。此亦有互爲果俱有因，同一果俱有因二種。互爲果俱有因者，有爲法中，甲乙二法已上，自他對望，更互爲因，更互爲果。如地水火風四大種，互相假藉，生所造色。更互相望，一大爲因，他三大爲果。他三大爲因，此一大爲果。恰如三杖互相依住，其中一爲原因，他二爲結果。他一爲原因，餘二爲結果。自他同時，更互相依相資。同一果俱有因者，有爲法中，自他展轉有力，同得一果。如三杖相依，共支一鼎。蓋萬有不唯異時繼起續生，又橫於同一時間，自他互爲因，互爲果而相資助。今此俱有因者，於同時上所立之因果法也。

三同類因，因果相似，名爲同類，同類之因，名同類因。謂相似法與相似法爲因。萬有中同一類者，前後相望，異時論因果之原因法也。如前念善心爲因，起後念善心，故名同類因。惡法與惡法，無記法與無記法相望；亦復如是。無記法者，不善不惡之法也。此同類名。就善惡性立，非就色心等事相。

四相應因，心王與心所，同時相應資助而生。以心王爲因，起心所；以心所爲因，起心王；彼此相應，故名相應因。同時起之一聚心心所，有五平等義，卽五義平等，名相應法。就此一聚心心所，一望他，名相應因。五義平等者，一所依平等，謂心心所必同所依根。如心王依眼根，心所亦依眼根。二所緣平等，謂心心所必同所緣境。如心王緣青境，心所亦緣青境。三行相平等，行相者，心心所向所緣事物所起領解之作用；謂心心所法，隨緣何境，其領解相彼此同一。如心王緣青色生青色之領解；心所亦領解青色。四時平等，謂心心所，必定同時。如心王此時起，心所亦此時起。五事平等，事者，體也；謂心心所法，其體各一。如心王其體一，心所體亦各一。此小乘義。若依大乘，四義平等，心所與王，不同其行。由心所等，與王行相，各各不同。如緣青色，心王自變；心所自變，是故不同。此俱有因之一部也。卽於俱有因中，別開心心所法立此因。俱有因者，通宇宙萬有之原因法。此相應因，唯限於心法。

五徧行因，徧行者，徧通義；徧行卽因，名徧行因。此於同類因中，別開心所中十一徧行煩惱所立。十一徧行者，迷苦集滅道四諦理之煩惱，有多種。於中迷苦諦理者，有十。迷集諦理者，有七。其迷苦諦理十中，身見邊見邪見見取見戒禁取見疑無明七；迷集諦理七中，邪見見取見疑無明四；其勢力強盛，徧爲一切煩惱之起因（生起之原因），卽能生一切煩惱，故名徧行因。卽汎分類惑之種類爲五部。一迷宇宙現象之果體，二迷其原因，三迷超脫宇宙之涅槃，四迷到涅槃之聖道；卽迷四諦理，生妄見（以上屬於智之作用，稱迷理惑）。五迷宇宙現象之現狀，卽迷世上之事相，起貪欲瞋恚等（此屬於情之作用，稱迷事惑）。是稱五部惑。與此五部爲通因，故名徧行因。卽迷宇宙現象之果體，又迷其原因所起之妄見疑惑迷執是也。同類因局自部，此徧行因，與染汚法爲通因；故所以同類因外，更別建立。

六異熟因，依薩婆多宗，謂善惡之因，生起非善非惡卽無記之果。善業感樂果，惡業感苦果；而苦樂二果，非善非惡。因是善惡，果是無記，異類而熟，名爲異熟。經部宗義，由因變異而果方熟，是異熟義。此以惡與有漏善二法爲體。卽如以五逆惡法，感地獄報；以十善之有漏善，招天上果。彼天上與地獄果，共非善非惡但無記性。如此，以善惡因，感無記果，因果異類而熟，故名異熟。

第四章　十因

瑜伽唯識等論，依依處有十五種類，開四緣爲十因。十因者，一隨說因，二觀待因，三牽引因，四生起因，五攝受因，六引發因，七定異因（成唯識論作定異瑜伽師地論作定別），八同事因，九相違因，十不相違因。

十五依處者，一語依處，謂一切法，名爲先，故想。想爲先，故說。卽於欲界繫法（繫屬於欲界之法），色無色界繫法，及不繫法；先立假名。由聞諸法種種名已，內心起想，取其相狀。旣起想已，方能發語。此語曰語依處。依此法及名想所起語，隨見聞覺知說諸義理。此卽能說之語，爲所說一切法因。故依語依處，立隨說因。如於世間種種稼穡隨諸穀數世資生物，所有種種名想言說；謂大麥小麥稻穀胡麻大小豆等。卽此望彼種種稼穡，爲隨說因。又於一切雜染緣起，所有種種名想言說；謂無明行識名色廣說乃至老死愁悲憂苦擾惱。卽此望彼諸雜染法，爲隨說因。又於一切淸淨品法及滅涅槃，所有種種名想言說；卽此望彼諸淸淨法，爲隨說因。

二領受依處，謂所觀待能所受性。依此處，立觀待因。謂觀待此，令彼諸事，或生或住，或成或得；或觀待此故，此爲因故，於彼彼事，若求若取；此是彼觀待因。如待苦有樂，因飢求食，苦與飢者，如次樂與食之觀待因也。又如待食求器，因食生樂，食者，器與樂之觀待因也。如觀待手，有執持業。觀待足，有往來業。觀待節，有屈申業。觀待飢渴，羸劣身住。觀待叚食所有愛味，於彼追求執取受用。卽說彼法爲觀待因。又觀待境界所有愛味，於諸有支相續流轉。卽彼望此諸雜染法，爲觀待因。又觀待諸行多過患故，樂求清淨，攝受清淨，成滿清淨。彼望於此，爲觀待因。

三習氣依處，謂有漏無漏三性內外種子未成熟位。有漏無漏種子，內外種子，一切未爲善友力等所潤，貪愛等所潤，水土等所潤時；但能牽引遠自果。種子遠有牽果之能，故依此處，立牽引因。卽一切種子，望後自果。如由彼各自種子故種種稼穡差別而生。卽說彼種子，爲此牽引因。又於現法中無明等法，所有已生已長種子，今此種子，望於餘生生老死等，爲牽引因。又安住種姓補特伽羅，種姓具足，能爲上首證有餘依及無餘依二涅槃界。彼望清淨，爲牽引因。

四有潤種子依處，謂內外種已成熟位。卽前種子，爲善友等力潤已去，能生起近自果。依此處，立生起因。卽一切種子，望初自果。如彼種子，望所生芽，名生起因。又無明等法各別種子，名生起因。又種姓所攝一切無漏菩提分法所有種子，望彼一切菩提分法，爲生起因。

五無間滅依處，謂心心所法之等無間緣（以心心所法爲果）。六境界依處，謂心心所所緣緣（體通一切法果唯心心所）。七根依處，謂心心所所依六根（果唯是心心所）。八作用依處，謂於所作業作具之作用。即除親因緣（種子）外，餘疏助緣。作具者，作業之器具，如斫伐物所用斧斤等。九士用依處，謂於所作業，能作者之作用。即除親因緣外，餘親助緣。能作者者，用斧斤等斫伐物之士夫。十眞實見依處，謂一切無漏正見，與一切無爲有爲法爲因。卽除引生自種子之力用外，於無漏有爲俱生法，能助令同所作。或令增長。於後有爲無漏能引，於無爲無漏能證。總依以上六依處，立攝受因。卽除種子外，所餘諸緣。如地雨等緣，能生於芽，名攝受因。又近不善士，聞不正法，非理作意，及先串習所引勢力，生無明等；名攝受因。親近善士，聽聞正法，如理作意，及先所作諸根成熟，彼望淸淨，名攝受因。除親因緣，親能生法。助成因緣，名爲攝受。卽除生起親因緣外，餘一切緣，能助生此果者；皆攝受因體也。如田水糞等，望穀生芽等，雖自種所生，然增彼力，名攝受因。以前五依，疏所攝受故；成辦三界有漏諸法。然非諸有漏皆具五依，非心心所，卽便無故。若六合疏所攝受，辦無漏法。卽第六依，不通有漏。

十一隨順依處，謂善染汚無記三性有漏法及無漏法之現種諸行，能隨順同類勝品諸法。卽能引起同類勝行，及能引得無爲法。依此處，立引發因。卽初種子所生起果，望後種子所牽引果。如芽莖葉等，展轉相續，望彼稼穡，若成若熟，爲引發因。又從無明支乃至有支，展轉引發，後後相續，望於餘生生老死等，爲引發因。又一切無漏菩提分法自種子所生一切菩提分法，漸次能證若有餘依若無餘依二涅槃界，名引發因。

十二差別功能依處，謂有爲法，各於自果，有能起能證之差別勢力。能起者，謂於有爲，因能起果。能證者，若於無爲，因能證彼果。卽各能生自界等果，及各能得自乘果。卽依此處，立定異因。如從大麥種，生大麥芽，大麥苗稼；不生餘類。如是所餘，當知亦爾。卽說彼爲此定異因。又無明支及自種子，乃至有支，能生那落迦。餘無明支及自種子，乃至有支,能生傍生餓鬼人天;當知亦爾。即此望彼諸雜染法,名定異因。又聲聞種姓,以聲聞乘能般涅槃。獨覺種姓,以獨覺乘能般涅槃。大乘種姓,以無上乘能般涅槃。彼望清淨,爲定異因。

十三和合依處,謂從領受乃至差別功能依處,於所生住成得果中,有和合力。卽前六因皆辦生等一事(同辦一果)。如是諸因總攝爲一,不取言說,以疏遠故。依此處,立同事因。如彼一切從觀待因至定異因,同爲稼穡而得成熟,名同事因。又若雜染品,從觀待因至定異因,彼望雜染名同事因。又若清淨品觀待因乃至定異因,彼望清淨,爲同事因。

十四障礙依處,謂於生住成得事中,能障礙法。卽能違生等事,與違緣之意義同。依此處,立相違因。如霜雹災等諸障礙法,望彼滋稼,爲相違因。又出世間種姓具足,値佛出世,演說正法,親近善士,聽聞正法,如理作意,法隨法行,及與一切菩提分法;彼望雜染,爲相違因。又種姓不具足,不値佛出世,生諸無暇處,不親近善士,不聽聞正法,不如理作意，數習諸邪行；彼望淸淨，爲相違因。

十五不障礙依處，謂於生住成得事中，不障礙法。卽彼不違生等事。依此處，立不相違因。如霜雹災等，彼闕無障，是諸滋稼不相違因。又如所說出世間種姓具足等種種善法，若闕若離，卽淸淨品諸相違因，是雜染法不相違因。又種姓不具足等淸淨品諸相違因，若闕若離，卽雜染品諸相違因，是名淸淨不相違因。茲將十五依處十因列表如左。

十

一語依處（法名想所起語）……………………一隨說因
二領受依處（能所受）……………………二觀待因
三習氣依處（未潤種子）……………………三牽引因
四有潤種子依處（已潤種子）……………………四生起因
五無間滅依處（等無間緣）
六境界依處（所緣緣）

五依處

七根依處（所依六根）
八作用依處（作具之作用）
九士用依處（作者之作用）
十眞實見依處（無漏正見）……五攝受因
十一隨順依處（三性法對勝品）……六引發因
十二差別功能依處（各引自果之功能）……七定異因
十三和合依處（前十一依處）……八同事因
十四障礙依處（能障礙法）……九相違因
十五不障礙依處（不障礙法）……十不相違因

十因

果。

第五章　五果

五果者，一異熟果，二等流果，舊譯作習（習續）果，三士用果，四增上果，五離繫一異熟果者，三界流轉，依業報成。由煩惱業，招五趣報。如是果報，名異熟果。如瑜伽師地論云，諸不善法，於諸惡趣受異熟果。善有漏法，於諸善趣受異熟果。是名異熟果。此六因中異熟因所得之結果也。十因中，牽引生起定異同事不相違因，四緣中增上緣得。異熟因，其體善惡業也。以善惡業所招感來世之苦樂果，但無記性，異業因之善惡性。果不似因，故說爲異。熟謂成熟，堪受用故。

二等流果者，六因中同類偏行二因所得之結果也。十因中牽引生起攝受引發定異同事不相違因，四緣中因緣增上緣得。似自因法，名等流果。因似果，云同類。果似因，云等流。果似因故，說名爲等。從因生故，復說爲流。此從因相爲名也。如同類因，善染無記。彼等流果，其相亦爾。如偏行因，唯是染污。彼等流果，其相亦爾。依前念善心，生後念善心。依前惡心，生後惡心。依前無記，生後無記。果性等因性而流，故名等流。此俱舍義也。若依瑜伽唯識，等流果者，謂由善惡無記三性法所引生之同類果法。等謂等同，流謂流類，等流之果，名等流果。或等卽類同，流謂生引，等類所流，名等流果。等流有二。

一眞等流，此復有二。一者自種現等所生自果。諸法從自因生，自類所流，名等流果。此如善不善無記等種子及現行，從自類種子引生。又是等種子，從自類現行熏成。卽於種生種種生現現熏種之關係，立等流果之名稱。二者自同類所引勝法。同類上品，望中下品，同類所流，名等流果。諸法生起，雖從自因；然勝品法，必從同類劣品法生，熏習引發，次第增長。此如下品善法，引中品善。中品善法，引上品善。不善無記亦爾。二假等流，謂與先業相似之後果。等類所流，名等流果。此如先作殺生等業，後得與先業相似之短命報。此實是增上果，依相似義，假名等流。

三士用果，六因中俱有相應二因所得之結果也。謂諸作者假諸作具所成辦之事業。士用者，士夫之作用。士夫作用所得之果，名士用果。士用有二一人士用，卽士夫者，五蘊假者義。諸士夫假者，於現法中依止隨一工巧業處，起農作商賈工藝書畫算數政治文學等動作，由此成辦諸稼穡等財利等果，是名士用果。二法士用，卽士夫者，實法義。由法之作用而有果，如由人之動作而事成。若法因彼勢力所生，卽說此法名士用果。作意等諸實有法，作動心等，令起現行，名士用果。十因四緣中，若人士用，觀待攝受同事不相違因增上緣得。若法士用，觀待牽引生起攝受引發定異同事不相違因因緣等無間增上緣得。

四增上果，六因中能作因所得之結果也。十因四緣，一切容得。一有爲法，望餘一切有爲法，爲增上果。餘一切法，或與力或不爲障。由此與力不障之增上力所得之結果，故名增上果。有漏無漏一切有爲，皆得稱增上果。

五離繫果者，以無漏聖道之智力斷煩惱所證顯，卽擇滅無爲也。擇滅無爲，如前所述，卽涅槃，亦卽眞理也。涅槃離一切繫縛，故云離繫。此眞理本來恒存，不生不滅，不從六因生。雖然，久爲煩惱覆蔽不顯故，由無漏聖道之智力，遠離煩惱之覆蔽（繫縛），其所證果，稱離繫果。卽擇滅無爲，體雖是果；然由道得，非由道生。是所證果，非對六因稱果。此俱舍義也。若依唯識，十因中攝受引發定異同事不相違因，四緣中增上緣得。

第六篇　佛家之根本學理

第一章　法印

第一節　總說

法印者，釋迦文佛一代教法之印璽也。即佛法中確實不可動之原則。印者，梵語烏拕南舊稱優陀那之義譯，其本義爲說，即佛世尊所常誦說，而十二部經中無問自說經也。如瑜伽倫記云，四烏拕南，若作嗢字者，皆須改正。舊語不正，名四優陀那，翻名爲印。今翻名說，即世尊常誦說，此義似無問自說。隨義傍翻，亦得名印。又大乘義章云，優檀那者，是外國語，此名爲印。法相楷定不易之義，名印也。內外之分，眞僞之辨，正邪之別，皆以有法印印定其說與否爲衡。如世公文，得印可信。一切經教，若有法印印之，即是佛說。若無法印，微特世典，即經教亦魔說也。是故欲知佛法之眞義者，不可不知法印。欲知識別佛法非佛法之標準者，不可不知法印。

第二節　三法印

佛法印有二種，一三法印，二一實相印。三法印者，聲聞緣覺菩薩三乘共通之教理；一諸行無常，二諸法無我，三涅槃寂靜。此三法印，散見於大涅槃雜阿含大小乘諸經，大智度成實大毘婆沙大小乘諸論。增一阿含等經，大莊嚴瑜伽等論，加諸行皆苦，作四法印。

一　諸行無常

諸行無常者，行者，遷流轉變之義。如俱舍頌疏謂造作遷流二義名行。一切從因緣生之有爲法，卽世間萬象無一不遷流轉變，不遑安住；故通稱世間萬象爲行。其法衆多，故云諸行。常者，常住不變之義。世間萬象，從於衆因緣和合而生，有生卽有住有異，有異卽有滅。無論爲色爲心，爲小爲大，無一湛然常住，不在遷流轉變之中；故曰諸行無常。

無常有二種，一一期無常，二念念無常。一期無常者，於某一期間，遷流代謝，終歸壞滅。在人，爲生老病死；在物，爲生住異滅；在世界，爲成住壞空。以人言之，宿業既盡，則命光遷謝，無間於歲月之脩短。其至短者甫托胎即澌滅；乃至在母胎中，一月二月，五月七月；或從胎出，一日二日，五日七日；猶如石火，烔然以過。其較脩者，自十歲二十歲，以至五十六十；而至脩者，亦鮮能出百歲以上；莫不光沈響絕，埋魂幽石，委骨窮塵。如是自幼至老，無非出於無常入於無常；無有貴賤賢愚而得免脫。又若不知春秋之蟪蛄，不知晦朔之朝菌；如彼其促。八千歲爲春，八千歲爲秋者；如彼其脩。而皆不離乎一期無常。乃至刼火洞然，大千俱壞；亦莫非一期無常之顯露。

念念無常者，梵語刹那，義翻云念。念念者，刹那刹那也。一切有情非情，不唯有一期之無常也；一期相續上，又有刹那刹那生住異滅之無常。蓋將自其變者而觀之，其變寧唯一紀二紀實爲年變。豈唯年變，亦兼月化。何直月化，兼又日遷。沈思諦觀，刹那刹那，念念之間，不得停住。如火成灰，漸漸鎖殞。如婆沙論中說一晝夜間有六十四億九萬九千九百八十刹那五蘊生滅。又萬善同歸集云：無常迅速，念念遷移；石火風燈，逝波殘照，露華電影，不足爲喩。如是諸有爲法皆歸無常。所謂天地人物，無生不終；欲使有爲不變異者，終無是處。

佛教之建立，即在此諸行無常。本師釋迦牟尼如來，四門遊觀，見有生老病死；感人生之無常，悲衆苦之逼切。胸中爲無限諸行無常沈痛之感情所襲，覷破廣宇悠宙不外苦集之場。捨世榮華，辭家習道，苦行六年，卒悟得其滅道。於是隨機說法，開一大教門。其一代弘法度生之大業，皆此諸行無常之感想，發而爲大菩提心。所謂如來以三十二種大悲救護衆生（思益經）。

二　諸法無我

諸法無我者，所謂法，如前所述，乃有形無形事理色心之通稱，行局有爲，法通無爲。我者，主宰義，實體義。有常一之實體，能爲主，自在割斷事物，曰我。即竪無變化生滅，横無集合離散，而有自在力及割斷力之實體。如成唯識論云，我謂主宰。述記釋之云，我如主宰者，如國之主，有自在故；及如輔宰，能割斷故。有自在力及割斷力，義同我故。

或主是我體宰是我所。或主如我體，宰如我用。一切有情，於自他身，妄執有常一之實我，因於自他彼此之差別，生愛憎違順，有貪有瞋，有癡。由貪瞋癡之增長，有一切煩惱。有煩惱故，有種種造業。有業則有六道之生死。六道生死之根源，在此我執；是故佛說無我，破其執我之倒。所言無我者，有情之依身，祇是依煩惱業集五蘊諸法所成。即五蘊和合，假名爲人，虛妄不實，本無有我。如樑椽和合有舍，離樑椽無別舍。如是有情衆生，只有五蘊諸法，實無別我。是故我但有假名，無有定實。如摩訶止觀云，無智慧故，計言有我。以慧觀之，實無有我。我在何處？頭足支節，一一諦觀，了不見我。何處有人及以衆生。業力機關，假爲空聚，從衆緣生，無有主宰。◎又原人論云，形骸之色，思慮之心，從無始來，因緣力故，念念生滅，相續無窮。如水涓涓，如燈焰焰，身心假合，似一似常。凡愚不覺，執之爲我。●

我有二種，一人我，二法我。上所述，人無我也。此通三乘。尚有法無我，是大乘義。法我者，於五蘊諸法，執爲有實自體能自持之實法。其實五蘊諸法，皆由因緣和合而成，如幻如化，無實體性。以衆緣生故，有爲法卽空無自性；而無爲法亦卽徧於有爲法之空性，故曰法無我。

三　涅槃寂靜

涅槃寂靜者，涅槃梵語，舊譯滅，又滅度，寂滅，不生，無爲，安樂，解脫等。新譯圓寂。異名及異譯雖多，然舊譯家之大師羅什，用滅或滅度，新譯家之大師玄奘，用圓寂。以是玄奘以前，多用滅或滅度，如大乘義章大乘玄論涅槃玄義是也。玄奘以後，多用圓寂，如華嚴大疏鈔圓覺經略疏是也

滅或滅度者，正翻（直譯）。滅者，滅生死之因果義。滅煩惱故，滅生死故，名之爲滅。離衆相故，大寂靜故，名之爲滅。如涅槃經云，滅諸煩惱，名爲涅槃。離諸有者，乃爲涅槃。滅度者，滅煩惱障，度生死海義。如涅槃無名論云，滅度者，言其大患永滅，超度四流。滅，擇滅也。一切有情無始以來，有無明煩惱故，作無量業因。作無量業因故，依其業因之差別，受三界六道種種差別之苦果。有此苦果之身心故，復起種種煩惱。起煩惱故，

復作種種善惡業因。有此業因故，又更輪迴三界六道。以智慧之簡擇力，斷煩惱，滅生死之因果，所得寂滅不生之無爲法；名爲擇滅。稱此滅法曰涅槃。

圓寂者，義翻。體周遍性湛然義。圓者圓滿，不可增減。寂者寂靜。不可變壞。如華嚴大疏鈔云，總以義翻，稱爲圓寂，以義充法界，德備塵沙，曰圓。體窮眞性，妙絕相累，爲寂。

涅槃有二，一有餘涅槃，二無餘涅槃。新譯作有餘依涅槃無餘依涅槃。聲聞緣覺菩薩三乘聖者，雖已擇滅三界煩惱，更不起業，尚餘過去業力所感受之依身（依者，有漏之依身。身者，有情之依處，又眼耳等之依處，故云依身。）未滅，是名有餘涅槃。煩惱既盡，由過去業力所感受之依身亦滅，無有遺餘，是名無餘涅槃。

此上所述二種涅槃者，三乘共通之教理。大乘涅槃，有其四種。一本來自性清淨涅槃，謂一切法相眞如理；雖有客染而本性清淨，具無量功德，無生無滅，湛若虛空；一切有情平等共有；與一切法，不一不異；離一切相一切分別，尋思路絕，名言道斷，唯眞聖者自內所證；其性本寂，故名本來自性清淨涅槃。二有餘依涅槃，謂即眞如，出煩惱障；雖有微苦所依未滅，而障永寂；故名有餘依涅槃。煩惱障者，二障之一。貪瞋癡等諸惑，各有二用。一擾惱有情身心，能障涅槃寂靜理，名煩惱障。二愚癡迷闇，不了知諸法之事相及理性（眞如），能障菩提妙智，名所知障。三無餘依涅槃，謂即眞如，出生死苦；煩惱既盡，餘依亦滅，衆苦永寂；故名無餘依涅槃。四無住處涅槃，謂即眞如，出所知障；大悲般若（如前云，譯云智慧，照了諸法實相之智慧也）。常所輔翼；以大智故，不住生死；以大悲故，不住涅槃；利樂有情，窮未來際，用而常寂；故名無住處涅槃。

涅槃寂靜印，即四涅槃中本來自性清淨涅槃，所謂眞如理是也。寂靜者，涅槃之譯語。自性涅槃，竪無生滅變遷之患，橫無自他彼此之累；言語道斷，心行處滅；故曰涅槃寂靜。依此自性涅槃寂靜義，有餘無餘無住，德無不備，障無不盡，得涅槃名。離煩惱，絕相累，寂然常住；故曰涅槃寂靜。

涅槃寂靜印者，第一義諦，即宇宙之第一義，而萬有之眞實相也。此宇宙萬有之眞實相者，釋迦牟尼如來自覺即自內證之眞理也。此諸法本眞理，諸佛本證境；又佛教所由興之源底也。一切有情，起惑，造業，流轉三界故佛說涅槃寂靜印，令離煩惱生死安住寂滅之涅槃。如大智度論云，佛出世間，正爲欲度衆生著涅槃境界安隱樂處。自釋迦如來一代之橫說豎說始，至如來涅槃後二千餘年間，漸次開展之佛家諸說；悉皆建立於此涅槃之上。如智度論又云，一切佛法，皆爲涅槃故說；譬如衆流，皆入於海。又百論疏云，一切經，一切論，皆爲明涅槃。無盡教海，無不從此一大眞理流出，而又無不還歸此一大眞理。所謂涅槃者，三乘聖者所齊歸（涅槃無名論）。又涅槃是究竟法，凡聖終歸（百論疏）。又法歸分別，聖歸涅槃（發智論）。此實佛教之根本原理，又佛教之最終理想也。

復次，涅槃寂靜印者，三法印之終極。無常無我二印，所歸在涅槃寂靜印。說諸行無常，說諸法無我，要爲顯涅槃寂靜。如智度論云，初印中說五衆，二印中說一切法皆無我。第三印中，說二印果，是名寂滅印。一切作法無常，則破我所外五欲等。若說無我，破內我法。我我所破故，是名寂滅涅槃。行者觀作法無常，便生厭世苦。既知厭苦，存著觀主，謂能作是觀，以是故有第二法印。知一切無我，於五衆十二入十八界十二因緣中，內外分別推求，觀主不可得。不可得故，一切法無我。如是知已，不作戲論，無所依止，但歸於滅，以是故說寂滅涅槃印。

第三節　一實相印

一　離言法性

一實相印者，大乘不共之教理。實相是從本以來佛佛傳持之印璽，故云實相印。如智度論云三世諸佛，皆以諸法實相爲師。實相印一語，源出法華經。如經云，無量衆所尊，爲說實相印。實相，具云諸法實相，卽是涅槃（思益經）。涅槃者，如上所述，釋迦如來自覺之眞理也。釋迦自覺之眞理，不待言，宇宙之眞理也。言實相者，眞實不虛，無相之相，名爲實相。卽離言法性也。離言法性者，諸法之體性，離言辭相，離心念相。又云非安立諦。諦者，眞理義。安立者，施設義。有差別與名義之施設，名安立。無差別，離名言，名非安立。

解深密經勝義諦相一品，詳說萬有之實相，一離言無二，二超過尋思，三超過一異，四偏一切一味。離言無二者，諸法體性，本離名言，佛爲衆生假說有爲無爲，而無隨名有爲無爲眞實體。一切法雖有有爲無爲二種，實非有爲，亦非無爲。言有爲者，乃是假施設之言句。偏計所集，不成實故，非是有爲。無爲亦爾。然非無事而有所說。諸聖者以聖智聖見，於一切法離言法性，現正等覺。爲欲令他現等覺故，假立名相，謂之有爲，謂之無爲。

超過尋思者，勝義諦相，超過一切尋思所行。此復有五，一勝義，是諸聖者內自所證；尋思所行，是諸異生卽凡夫展轉所證。二勝義，無相所行；尋思但行有相境界。三勝義，不可言說；尋思但行言說境界。四勝義，絕諸表示；尋思，但行表示境界。五勝義，絕諸諍論；尋思，但行諍論境界。

超過一異者，勝義諦，超過諸行一異性相。若勝義諦相與諸行相，都無異者；應於今時，一切異生，皆已見諦，又皆已得無上菩提。若勝義諦相與諸行相，一向異者；已見諦者，於諸行相應不除遣。若不除遣，應於相縛不得解脫。若不得解脫，於麤重縛亦應不脫。若不脫二縛已見諦者，應不得無上菩提。

偏一切一味者，勝義諦，偏一切一味。若一切法眞如勝義法無我性，亦異相者；亦應有因，從因所生。若從因生，應是有爲。若是有爲，應非勝義。若非勝義，應更尋求餘勝義諦。

又寶雨經說，眞義者，卽是實義增語。實義者，所謂不虛妄，卽眞如也。此法自內所證，非有文字能施設之。何以故？此法超過一切文字言說及戲論故，離諸出入，無有計度，非計所行，無相離相，遠離一切諸魔境界及以一切煩惱境界。其自性寂靜故，無垢無染，清淨微妙，最上無比，恒常不動，性不滅壞。若諸如來出現於世，若不出世；如是法界，自性安住。如是名爲眞如，亦名實際。名一切智，亦名一切種智。名不思議界，亦名不二界。

又維摩經說三十一菩薩各各說何等是菩薩入不二法門已，文殊師利曰，如我意者，於一切法，無言無說，無示無識，離諸問答，是爲入不二法門。於是文殊師利問維摩詰，何等是菩薩入不二法門？時維摩詰默然無言。文殊師利歎曰，善哉善哉，乃至無有文字言說，是爲眞入不二法門。

總之，諸法實相，體妙離言，迥超衆相；唯諸聖者起甚深微妙之無分別智（離一切情念分別正體會眞如之無相眞智）自內證之眞理。是故釋迦如來一代四十餘年，隨緣示教種種說法。及於涅槃，乃自云，從某夜得最正覺，某夜入般涅槃，於其中間，不說一字。所謂四十九年，未說一字。盡將其塵說剎說熾然說者，一筆勾消。

實相雖一切音聲名字路絕，然佛世尊爲開覺一切有情故，隨世俗假立名相，以文字方便宣說。如幻師幻作種種，無有實事可得。

釋迦如來一代所說教法，不出空有二義。所謂我佛說法，空有二輪。說空，示諸法體。說有，示法相用。空者，眞空。有者，妙有。立眞空理者，一切空經，而大般若集其大成。張妙有義者，華嚴，解深密，如來出現功德莊嚴，阿毘達磨，楞伽，厚嚴諸經；而深密稱最。雖般若深密，皆說非有非空中道實相之妙理。然般若所明，大分空義。深密所明，大分有義。特如上所述空者眞空，非如小乘偏執之但空。有者妙有，非如凡夫妄計之實有。卽空之有，卽有之空，非有非空，中道義立。

二　眞空

般若以諸法皆空，爲諸法實相。說一切諸法，如幻夢響像影燄化尋香城，自性皆空，都無所有。以十八空等，明一切法自性皆空義。十八空者，一內空，內謂內法，卽是眼耳鼻舌身意六根。二外空，外謂外法，卽是色聲香味觸法六塵。三內外空，內外謂內外法，卽內六根及外六塵。四空空，空謂一切法，此空復由空空。五大空，大謂十方，卽東西南北四維上下。六勝義空，勝義謂涅槃。七有爲空，有爲謂欲界色界無色界。八無爲空，無爲謂無生無滅無住無異。九畢竟空，畢竟謂一切有爲無爲諸法，究竟不可得。十無際空，無際謂無初後際可得。謂一切諸法，滅無有終，起無有始，起滅之際，無從可得。十一散無散空，散謂有放有棄有捨可得，無散謂無放無棄無捨可得。十二本性空，本性謂若有爲法性，若無爲法性。如是一切，皆非聲聞獨覺菩薩如來所作，亦非餘所作。十三自共相空自相，謂一切法自相。如變礙是色自相，領納是受自相，取像是想自相，造作是行自相，了別是識自相。如是等若有爲法自相，若無爲法自相，是爲自相。共相，謂一切法共相。如苦是有漏法共相，無常是有爲法共相，空無我是一切法共相。如是等，有無量共相。十四一切法空，一切法謂五蘊，十二處，十八界，有色無色，有見無見，有對無對，有漏無漏，有爲無爲。十五不可得空，不可得謂此中求過去現在未來三世一切諸法，俱不可得。十六無性空，無性謂此中無少性可得。十七自性空，自性謂諸法能和合自性。十八自性空無性，無性自性謂諸法無能和合自性，有所和合自性。如是內空，乃至無性自性空。眞如空，乃至不思議界空。苦聖諦空，集滅道聖諦空。色空乃至八十隨好空（諸功德相品）。諸法無量，空隨法故，則亦無量。若略說應一空，所謂一切法空。

三　妙有

深密以圓成實性，爲諸法實相。說偏計空，依他圓成有。以三性三無性明妙有義。如深密一切法相品謂諸法相有三種。一者偏計所執相，謂一切法假名安立自性差別，乃至爲令隨起言說。二者依他起相，謂一切法緣生自性。三者圓成實相，謂一切法平等眞如。瑜伽倫記釋之云，衆生愚癡，隨名執實，卽是偏計所執。依他，謂染生法。圓成，卽是諸法眞如。◎

偏計所執性者，妄分別所執之實我實法。偏者，周普。計者，量度。偏計者，周偏計度之義。六七二識煩惱相應諸心心所，於一切色心諸法，卽次依他起性，不了皆衆緣諸識之假現偏計度分別，倒執爲實我實法。卽有爲萬法者因緣假和合法，無一實我，無一實法。偏計之妄情，迷執無我爲我，無法爲法。此所妄計之我法等類，若其體性，若體上之差別，名偏計所執自性。若細別之，有能偏計所偏計偏計所執性三重。能偏計者，六七二識，偏計度因緣生之諸法，起實我實法之執着，卽能迷之執心。所偏計者，偏計心所偏計度之諸法。偏計所執性者，由能偏計心，於所偏計上，所現之我法妄境。此妄境者，當妄分別之妄情前所現之執相，無其實體。如眩翳人眼中所有眩翳過患，故云體性都無，情有理無。

依他起性者，諸從因緣生之有爲法。依者，依託。他指因緣。依他起者，依託他衆因緣而生起之義。依託他衆因緣而生起者，如前所述，心心所法必具因緣增上等無間所緣緣四緣而生起，色法必具因緣增上二緣，無一法自然生。故百法中心法心所法色法及不相應行法四位九十四法，皆依他起性。無漏有爲，依他起攝，亦攝於圓成實。攝於依他起者，就其爲因緣生法之義邊。此因緣生法，如眩翳人眩翳衆相，或髮毛輪蜂蠅苣藤，或復青黃赤白等相差別現前；故云非有似有，如幻假有。但雖假有，非妄情所現，體性都無。

圓成實性者，諸法眞如。於彼依他起上，常遠離前偏計所執實我實法，二空無我所顯之理性也。卽圓成實性者，二空所顯眞如，而一切有爲法卽依他起性之眞實體性也。圓者，圓滿。成者，成就。實者，眞實。其體廣遍滿一切法，無缺減。故曰圓。其體不生不滅，無變易，故曰成。其體眞實，離迷情，絕虛妄，故曰實。唯一眞如，具斯三義，名圓成實。此圓滿成就諸法實性，如淨眼人遠離眼中眩翳過患，卽此淨眼本性所行無亂境界，故云非假非無，眞空妙有。卽非情有理無法，非如幻假有法，而眞實有。

如前所述，三法印中無常無我二印，所歸在涅槃寂靜印。如大智度論又云，若觀諸法無常，是爲眞涅槃道。又云，一切法中無我。若知一切法中無我，則不應生我心。著無我，亦無我所心。我我所離故，無有縛。若無縛，則是涅槃。而涅槃寂靜者，諸法實相也。卽三法印，究其根源，卽貫通爲一實相印。如智度論云，問曰，佛說聲聞法有四種實，摩訶衍（大乘）中有一實，今何以故說三實？答曰，佛說三種實法印，廣說則四種，略說則一種。無常卽是苦諦集諦道諦說，無我則一切法說，寂滅涅槃卽是盡諦。復次，有爲法無常，念念生滅故；皆屬因緣，無有自在。無有自在，故無我。無常無我無相，故心不著。無相不著故，卽是寂滅涅槃。以是故摩訶衍法中，雖說一切法不生不滅一相，所謂無相，無相卽寂滅涅槃。又云，如法印中說一切作法無常，一切法無我，寂滅是安隱涅槃法印，名爲諸法實相。智顗依此，於法華玄義中云，釋論云。諸小乘經，若有無常無我涅槃三印印之，即是佛說，修之得道。無三法印，卽是魔說。大乘經但有一法印，謂諸法實相，名了義經，能得大道。若無實相印，是魔所說。

第二章　法輪

第一節　總說

法輪者，法者，佛所說法，即佛法也。輪者，轉輪聖王之輪（戰爭時所用輪狀之武器）寶，有廻轉摧破二義。廻轉者，迴轉四天下。摧破者，碾摧諸怨敵。佛典言從此洲人壽無量歲乃至八萬歲時，則有轉輪王生。此王由輪旋轉應導，威伏一切，故名轉輪。輪寶有金銀銅鐵四種。如其次第，生金輪王乃至鐵輪王之差等。金轉輪王卽位時，東方忽有金輪寶現，其輪千輻，衆相圓淨，舒妙光明，來應王所。隨王心念，輪則爲轉。若王欲往東方，輪則東轉。隨輪所至，王即止駕；普勸人民修十善道。南西北方，亦復如是。餘轉輪王，應知亦爾。四轉輪王，威定諸方，亦有差別。謂金輪者，諸小國王，各自來迎，親垂教勅。所謂金輪望方順化也。若銀輪王，自往彼土，威嚴所加，即便臣伏。一云銀輪遣使方降。若銅輪王，至彼國已，宣威布德，彼方推勝。所謂銅輪震威乃服也。若鐵輪王，亦至彼國，現威列陣，剋勝便止。所謂鐵輪奮戈始定也。

佛所說法，能廻轉衆生界，摧破諸煩惱，故從喻名爲法輪。如大智度論云，佛轉法輪，如轉輪聖王轉寶輪。（中略）轉輪聖王，手轉寶輪，空中無礙。佛轉法輪，一切世間天及人中無遮無礙。其見寶輪者，諸災惡害皆滅。遇佛法輪，一切邪見疑悔災害，皆悉消滅。又大毘婆沙論云，是法所成故，法爲自性，故名法輪。如世間呼金輪等。輪是動轉不住義，捨此離彼義，能伏怨敵義。又圓滿義，謂轂輻輞三事具足故。

轉法輪者，轉者說也。法既名輪，說亦稱轉。轉法輪有二釋，一始成正覺，爲憍陳如初始說法，名轉法輪。二諸佛世尊，凡有所說，皆悉名爲轉法輪。今從前釋，述四諦法輪。

第二節　四諦

佛法之所包羅，雖浩如淵海，然法味一如，展之則爲大小顯密性相教禪聖淨等教，爲八萬四千法藏，爲無量法門。約之，唯在轉迷開悟。是以釋迦如來一代教法，自於鹿野苑中轉四諦法輪，度憍陳如等五人始。而化道既圓將入涅槃時，復於遺教經中，三唱若於苦等四諦有所疑者，可疾問之。由此觀之，釋迦如來一代教法，唯在弘明四諦。如中論疏釋如來一期出世，初後不同，同明四諦云；所以初後皆明四諦者，四諦是迷悟之本。迷之則六道紛然，悟之則有三乘賢聖。是故始終皆明四諦。此四諦中，藏八萬四千法門。是故四諦者，三乘共通之教理，非唯聲聞。

四諦者，一苦諦，二集諦，三滅諦，四道諦。諦者，眞義，實義，如義，不顚倒絕虛妄義。如瑜伽師地論云，苦諦苦義，乃至道諦道義；是如是實，非不如實；是無顚倒，非是顚倒；故名爲諦。又彼自相，無有虛誑；及見彼故，無倒覺轉；是故名諦。又云四聖諦，亦云四眞諦，聖者所見眞理義。如瑜伽論又云，唯諸聖者於是諸諦，同謂爲諦，如實了知，如實觀見。一切愚夫，不如實知，不如實見。是故諸諦唯名聖諦。

一　苦諦

苦諦者，三界六道之苦報也。如對法論云，苦諦云何？謂有情生及生所依處。即有情世間器世間。苦以逼惱爲義。一切有漏色心，常爲無常患累之所逼惱，故名爲苦。苦有多種，所謂二苦，三苦，八苦；總有一百一十種苦。二苦者，內苦，外苦。內苦復有二種，身苦，心苦。身痛頭痛等四百四病，是爲身苦。憂愁瞋怖嫉妬疑如是等，是爲心苦。外苦亦有二種，一者王者勝己惡賊師子虎狼蚖蛇等害，二者風雨寒熱雷電霹靂等災。三苦者，一苦苦，苦受及所依處，是苦苦性。饑渴寒熱鞭打繫縛等，乖緣逼迫，名之爲苦。此苦即苦，故名苦苦。二壞苦，樂受及所依處，由無常故，若變若異，所生衆苦；即樂相壞時，能生憂惱，名爲壞苦。三行苦，如前所述，行者遷流義。不苦不樂受俱行諸蘊，遷流無常，三受麤重之所隨逐，不安隱攝，說名行苦。八苦者，一生苦，住胎出胎，俱受逼迫，老病死等，衆苦隨逐；是名生苦。二老苦，此復有二，一者增長，謂從少至壯，從壯至老，氣力羸少，動止不寧。二者滅壞，謂盛去衰來，精神耗減，其命日促，漸至朽壞。三病苦，此復有二，一者身病，謂四大不調，衆病交攻。二者心病，謂心懷苦惱，憂切悲哀。四死苦，此復有二，一者病死，謂因疾病壽盡而死。二者外緣，謂或遇惡緣，或遭水火等難而死。五愛別離苦，謂常所親愛，乖違離散。六怨憎會苦，謂常所怨讎憎惡，本求遠離，而反集聚。七求不得苦，謂心所愛樂者，求之而不能得。八五陰盛苦，亦名五盛陰苦，新譯作略攝一切五取（取者，取着義，貪愛之別名。）蘊苦。五陰者，身心二法，一身之總體也。此五陰假合之身，前生老病死等衆苦熾盛，故名五陰盛苦。又此身心，盛貯衆苦，名五盛陰苦。一義身心之勢用熾盛生苦，名五陰盛苦。諸有漏行，名略攝一切五取蘊苦。三界生死之果報皆苦，無安樂性，此理眞實，故曰苦諦。

二　集諦

集諦者，貪瞋等煩惱及善惡諸業也。集以招聚爲義。煩惱業能集起三界六道生死之苦，故名爲集。如對法論云，云何集諦？謂諸煩惱及煩惱增上所生諸業，俱說名集諦。由此集起生死苦故。世界人生，不淨，苦，無常，無我。然諸有情衆無諦觀其實相之明，計醜爲美，執惡爲善，以妄爲眞；恣貪愛，與瞋恚，長愚癡；起種種煩惱，造種種業；招聚三界六道生死之苦。此理眞實，故曰集諦。

三　滅諦

滅諦者，涅槃也。滅以滅無爲義。滅生死之因果，眞空寂滅，故名爲滅。如對法論云，眞如境上，有漏法滅，是滅諦相。此滅諦者，究竟之眞理。如前所述，釋迦如來，於佛陀伽耶畢鉢羅樹下，霍然大悟，成等正覺，即妙契此究竟之眞理也。就能證言之，曰菩提。就所證言之，曰涅槃。理智冥合，能所不二。滅諦者，佛教之根柢，又最終之皈着處也。此理眞實，故曰滅諦。

四　道諦

道諦者，證涅槃之正道也。道以能通爲義。能通至涅槃，故名爲道。如對法論云，云何道諦？謂由此道故，知苦斷集證滅修道；是略說道諦相。證涅槃之正道者，釋迦如來，於初轉法輪，所說八正聖道也。臨涅槃時，更加四念處，四正勤，四如意足，五根，五力，七覺支舉七科三十七道品。三十七道品，亦名三十七菩提分。菩提舊譯云道，新譯云覺。三十七法，共順趣菩提，故名菩提分，又名道品。品者品類。分者支分，又分者，因義。

四念處，又作四念住；一身念處，二受念處，三心念處，四法念處。凡夫緣色蘊之身，受蘊之受，識蘊之心，想行二蘊之法，四境，起四種顛倒妄見，即謂身爲淨，言受是樂，執心是常，計法爲我；由斯而起貪愛無明。爲治斯四倒故，以能觀之智力，觀身不淨，破於淨倒。觀受是苦，破於樂倒。觀心無常，破於常倒。觀法無我，破於我倒。此四念處，以慧爲體。身等四法，是所觀境，即所觀處；慧是能觀。由慧令念住境，即由慧力，令念心所，於慧所觀境，能明記不忘；故於慧立念處又念住名。

四正勤，又作四正斷。一於已生惡不善法，爲令斷故，精勤修習。二於未生惡不善法，爲不生故，精勤修習。三於未生善法，爲令生故，精勤修習。四於已生善法，爲令增長故，精勤修習。體一精進，義用不同，分之爲四。一心勤修，故名正勤。能除懈怠，故名正斷。

四如意足，又作四神足。一欲如意足，二精進如意足，三心如意足，四思惟如意足。

此通言如意者，前四念處中，修實智慧；四正勤中，修正精進。精進故，智慧增多，定力小弱。今得四種定攝心故，定慧均等，所願皆得，故名如意足。四種定者，欲爲主得定，精進爲主得定，心爲主得定，思惟爲主得定。新譯作欲勤心觀四神足。欲謂希求，由欲力故，引發定起，名欲神足。勤謂勤策，由勤力故，引發定起，名勤神足。心謂所依（心所所依），一云定能攝心稱心，由心力故，引發定起，名心神足。觀謂觀察，一云於境簡擇名觀，由觀力故，引發定起，名觀神足。神謂神通，妙用難測，故名爲神。一云謂諸神靈勝妙功德。足者彼因，所依之義，體即勝定。如身依足立，由依勝定，能發神通，故名神足。足雖一定，定因有四，名四神足。

五根者，信，精進，念，定，慧也。如前所述，於三寶四諦等中，能深忍樂，名之爲信。勇猛進修，目爲精進。於境憶持，故稱爲念。專注所緣，號之爲定。簡擇德失，故得慧名。此五能生一切善法，故名爲根。

五力，即前五根。信根增長，能破諸疑惑。精進根增長，能破種種身心懈怠。念根增長，能破邪念。定根增長，能破諸雜亂想。慧根增長，能破諸惑。由此能損減所對治障，不可屈伏，轉立力名。

七覺支，又作七等覺支，七覺分，七菩提分等。一念，二擇法，三精進，四喜，五輕安，六定，七捨。如前所述，於境明記，名之爲念。觀察德失，故名擇法。熾然修善，號爲精進。於意適悅，故得喜名。調暢身心，名爲輕安。專注所緣，故名爲定。遠離沈掉，平等寂靜，目之爲捨。一作擇法，精進，喜，除（即輕安覺支，斷除身心麤重，令輕利安適，故得除名），捨，定，念。覺者覺了，支者品類。

八正道，又作八聖道，八直聖道，八聖道分，八支聖道等。一正見，謂離諸邪倒之正觀。大智度論謂正見是智慧，如四念處慧根慧力擇法覺中說。法界次第初門，謂若修無漏十六行，見四諦分明，是名正見。瑜伽師地論，謂若覺支時所得眞覺，若得彼已，以慧安立，如證而覺。總略此二，合名正見。二正思惟，謂離邪分別，籌量義理。智度謂觀四諦時，無漏心相應，思惟動發，覺知籌量。瑜伽謂由正見增上力故，所起出離無恚無害分別思惟。三正語，謂離諸語過，住一切口正語。瑜伽謂由正見增上力故，起善思惟，發起種種如法言論，是名正語。四正業，謂離諸身過，住清淨正身業。五正命，謂離五邪命，住清淨正命。五邪命者，一行者爲利養故，詐現奇特。二爲利養故，自說功德。三爲利養故，占相吉凶，爲人說法。四爲利養故，高聲現威，令人畏敬。五爲利養故，稱得供養，以動人心。邪緣活命，名爲邪命。如法追衣服飲食乃至什物，遠離一切起邪命法，是名正命。六正精進，謂止惡修善，向解脫精進。如前所述，修善斷惡，有勝堪能，目爲精進。瑜伽謂依止正見及正思惟正語業命勤修行者，所有一切欲勤精進出離勇猛勢力發起策勵其心，相續無間，名正精進。七正念，謂憶持正法。如前所述，明記所緣，名之爲念。八正定，謂以眞智住無漏清淨之禪定。如前所述，身心寂靜，注心一境，離散亂心，名之爲定。此八法盡離邪非，故云正。又名聖道者，聖者正也，與正理合，目之爲聖。

七科中，最重要者，八正道也。更結歸三學。三學者，戒學定學慧學。如前所述，持戒律，清淨身口意三業，爲戒學。修禪定，注心一處，爲定學。以清淨智慧，斷諸惑，顯發眞理，爲慧學。佛法全體，畢竟不出此三。正見思惟精進，是慧。正念正定，是定。正語業命，是戒。要之，以依戒資定依定起無漏正智爲證涅槃之正道。此理眞實，故曰道諦。

苦集滅道四諦者，世間出世間，即生死涅槃之因果。即初二中，苦者，迷之結果。集者，迷之原因。是爲流轉之因果，又云世間因果。後二中，滅者，悟之結果，道者，悟之原因。是爲還滅之因果，又云出世間因果。先觀察世間之眞相，知人生之無常苦空無我。次探究感生死苦果之原因。次示滅生死因果之涅槃，於此無煩惱之擾亂，無生死之患累。次明能通至涅槃之無漏正道。

第三節　十二因緣

十二因緣者，釋迦如來於畢鉢羅樹下，所諦觀而成正覺之眞理。一代之教法，皆從此源泉流出。就此十二因緣，有三世兩重因果，二世一重因果兩說。有部宗等，作三世兩重因果。一無明，總稱過去世所起諸煩惱。此煩惱雖有種種，然一切諸煩惱，皆與無明相應，故總稱爲無明。覆於本性，無所明了，故曰無明。依如俱舍，於宿生中諸煩惱位，此位五蘊，至今果熟，總謂無明。既是五蘊獨標無明者，彼與無明俱時行故。

二行，由過去世煩惱所造一切善不善行業，是名爲行。依如俱舍，於宿生中福等業位，至今果熟，總得行名。此位五蘊，總名爲業。業名爲行，造作義故。福等業者，福業，非福業，不動業。福業者，欲界善業。招可愛果，利益有情；故名福業。非福業者，欲界不善業。招非愛果，損害有情；故名非福業。不動業者，色無色二界善業。能感得不動異熟，故名不動業。

三識，由過去惑業相牽，致令此識，一刹那間，染愛爲種，幻想成胎，是名爲識。卽於母胎等正結生時一刹那位五蘊。此結生之初念位，色心二法中，心識力偏勝，故別標識。

四名色，名即是心，心法不能以體示，但以名詮，故云名。色即色質。謂從託胎已後，至第五箇七日，身心漸發育位。於此位，不唯身體支節未完備，心識亦昧劣，故名名色。即結生識後，六處生前，中間諸位；總稱名色。中間諸位者，卽是胎內五位中羯刺藍（

凝滑）等前四位之全分，鉢羅奢佉（支節）之一少分間也。

五六處舊譯作六入從名色已後，生眼等六根，是名六處。形體完備，將出胎位也。卽胎內五位中正鉢羅奢佉位。六處創圓，根相顯故，但標六處。

六觸，出胎已後三兩歲來猥觸對前境，已至三（根境識）和，未了知能生苦樂捨受三因差別，此位五蘊，總名爲觸。觸相顯故，獨標觸名。

七受，從五六歲至十二三歲時，心識漸次發達，因六境觸對六根，卽能領受前境。雖已了知苦樂捨三受因差別之相，未起婬貪，故名爲受。受用勝故，別標受名。三受因者，謂三受境，境名爲因，能生受也。

八愛，從十四五歲至十八九歲時，雖起食愛婬愛資具愛等，貪於種種勝妙資具及婬欲等境，未廣追求，是故唯名爲愛。愛用勝故，別標愛名。

九取，二十歲後，貪欲轉盛，爲得種種上妙境界，周遍馳求，不辭勞倦，是名爲取。以取勝故，標以取名。初起名愛，相續轉盛，別名爲取。

十有，因馳求諸境，積集能牽未來當有果之善惡業，是名爲有。有者業也，善惡業能有當來果，故名爲有。以業勝故，標以有名。

十一生，由前愛取有之起惑造業，從此捨命，未來正結生之初刹那，此位五蘊，總立生名。當來生支，即如今識。當來生顯，立以生名。現在識強，當體受稱。

十二老死，從未來結生已後至死滅，是爲老死。依如俱舍，生刹那後漸增，乃至當來受位，此之四位（名色六處觸受）所有五蘊，總名老死。從生支後，老死相顯，標老死名。此十二法，展轉感果，故謂之因。互相由藉，故謂之緣。若正觀諸法實相清淨，則無明盡；無明盡，故行盡；乃至衆苦和合皆盡。

十二因緣，不外詳示有情生死流轉之因果。此中無明行者，過去世之起惑造業，而招現在世果之原因也。識名色六處觸受者，由過去之無明行所招之現在果也。愛取有者，現在世之起惑造業，而招未來世果之原因也。生老死者，由現在之愛取有所招之未來果也。故十二因緣，畢竟不出過現因果現未因果二重。茲列表如左。

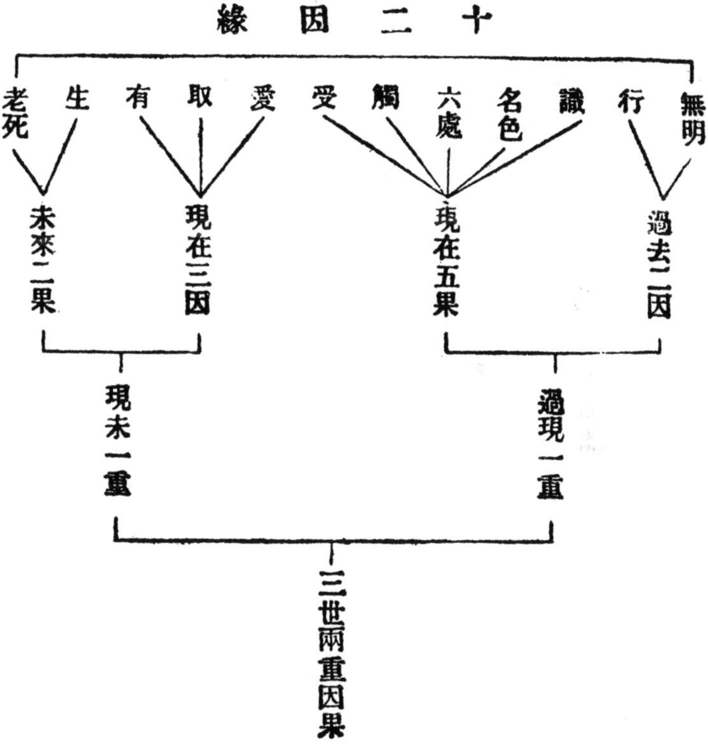
十二因緣
無明
行
識
名色
六處
觸
受
愛
取
有
生
老死
過去二因
現在五果
現在三因
未來二果
過現一重
現未一重
三世兩重因果

如此亘過現未，有兩重因果，故名之爲三世兩重因果。舊譯之經論，不問大乘小乘，俱作此三世兩重之十二因緣說。

唯識家作十二有支，又名十二緣起，亦名緣生，設二世一重因果。謂無明者，第六識相應，能發起善惡業之愚癡無明。行者，由無明所發善惡行業。以第六識相應現行思心所及種子爲體。有情第六相應無明，不了三界皆苦等理，妄造作有漏善惡諸業，重第六識相應之思種。此業種子，爲猛利之增上緣，引發能生次生果報之識名色等五支名言種子，令識種子決定當來所生之善惡趣。故無明行二支，名能引支。識名色等五支，名所引支。識者，本識之種子，卽由無明行所引發能生當來總報果體第八識之無記名言種子。名色支者，除前識種子，後六處觸受三種種子；能生餘五蘊法之無記名言種子。六處者，眼等六根種子。觸者，觸心所種子。受者，受心所種子。此五支總攝於五蘊。雖已由業種子之勢力，決定當來善惡生處；然臨命終之際及中有末心，若無潤生惑之助緣，則五支名言種子，不能生次生之現果。潤生惑者，愛取二支。愛者，下品貪愛。取者，上品貪愛及餘一切煩惱。有支者，由愛取煩惱潤行支及識等五支種子（即業種與名言種），將生當來果位。故愛取有三支，名能生支。生老死二支，名所生支。生老死二支者，前識等五支種子既現行位。生者，中有初生以後，本有未衰變位。老死者，本有既衰變至死滅位。總之，無明支者，發業惑。行支者，業種子。識等五支者，苦果名言種子。愛取二支者，潤生惑。有支者，已潤六支種子。生老死二支者，苦果現行。

如此，從無明至有十支，爲因。生老死二支，爲果。此十因二果，定不同世。若約過現門，十因在過去世，則二果爲現在世。若約現未門，十因爲現在世，二果即在未來世。畢竟不出二世一重，故名之爲二世一重因果。茲列表如左。

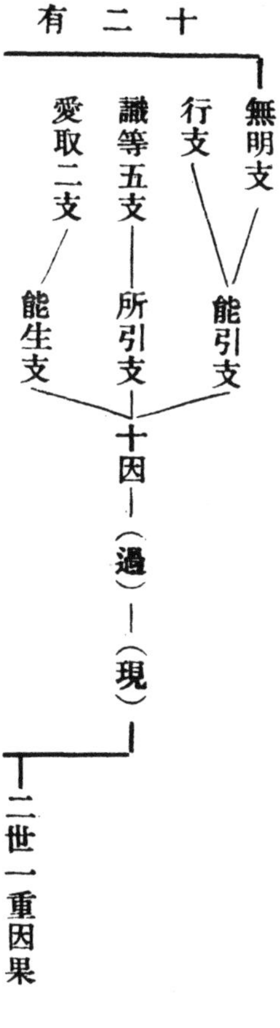

支 ┌ 有支

生老死二支—所生支—二果—（現）—（未）

此十二支，如前所述，唯識合爲能引所引能生所生四支。瑜伽合爲牽引因生起因及其果三支。

涅槃師子吼品明觀十二緣起智，凡有四種。下者，得聲聞道。中者，得緣覺道。上者，住十住地。上上者，得無上菩提。是故十二因緣者，三乘共通之教理，非唯緣覺。

如前所述三法印者，佛世尊所常誦說，散見於大小乘諸經。佛涅槃後，弘傳甚盛。觀於大小乘諸論，鮮不善述而顯揚之；所謂西方造論，皆釋佛經；經教雖多，略有三種，謂三法印（俱舍光記）；可以想見。第於中廣略不同，或有偏釋一法印，如五蘊論涅槃論等。或有舉一以明三，如俱舍論等。或有加諸行皆苦爲四法印，如瑜伽論等。或有結歸一實相印，如智度論等。豈非以其爲歷刼不磨之眞理，所謂有佛無佛，性相常然；若違此印，卽非佛說乎。十二因緣者，佛世尊成正覺時所觀眞理。四諦者，初轉法輪時所說，開一代教法之鴻基。是故斯三者佛教之根本原理也。然三法印即是四諦，但有開合之相違，如前引智度論云，無常即是苦諦集諦道諦說。無我則一切法說。寂滅涅槃即是盡諦。十二因緣，順觀之，則爲苦集二諦。逆觀之，則爲滅道二諦。如緣生論（鬱楞迦造達磨笈多譯）云，無明行渴愛取有，是爲集諦。識名色六入觸受生老死，是爲苦諦。彼等十二分滅，是爲滅諦。若於緣生如實能知，是爲道諦。故云如來一期出世，初後不同，同明四諦。

第七篇　佛家之枝末學說

第一章　法有我無說

第一節　總說

法有我無者，計法是有，知我是無；薩婆多部等之教義也。窺基法師，於法華玄贊，立八宗，總攝小乘二十部執並大乘二。其中前六小乘也。一我法俱有，謂犢子部等。犢子部立三聚及五法藏，總該宇宙萬有，說我法俱有。三聚者，一有爲聚，二無爲聚，三非二聚。初二是有爲無爲一切諸法，後一是我。謂實有我，非有爲無爲，然與蘊不即不離。五法藏者，一過去藏，二未來藏，三現在藏，四無爲藏，五不可說藏。過去未來現在三藏，即有爲聚。無爲者，無爲聚。不可說者，非二聚，即不可說若有爲無爲之非即蘊離蘊我。二法有我無，謂薩婆多部等。說萬有之法體，通過現未恆有，而不立我。三法無去來，謂大衆部等。說唯現在諸有爲法及無爲法有，過未之法，體用俱無。所謂過未無體，現在有體。四現通假實，謂說假部等。說無去來世，現在有爲法中，亦有假有實。在五蘊爲實，在界處爲假。五俗妄眞實，謂說出世部等。說世間法皆假，以虛妄故。出世間法皆實，非虛妄故。六諸法但名，謂一說部等。說世出世法，但有假名，無體可得。

第二節　諸法實有

六宗中，法有我無宗，卽薩婆多部等，立三世實有，法體恆有。說宇宙萬有之體性，常恆不滅。卽有爲無爲一切諸法，亘過現未三世，歷然實有。如異部宗輪論云，說一切有者，一切有二，一有爲，二無爲。有爲三世，無爲離世，其體皆有，名一切有。又云，謂一切有部諸法有者，皆二所攝，一名，二色。過去未來，體亦實有。述記云，謂一切有者有二。一法一切，謂五法，卽心心所色不相應行無爲。二時一切，謂去來今。各對諸部名色，攝一切法。色相麤重，易知其體，稱之爲色。四蘊無爲，其體細隱，難知相貌，以名顯之，故稱爲名。卽此部說一切諸法，皆二種所攝，謂一名，二色。或四種所攝，謂三世（開有爲爲三世）及無爲。或五種所攝，謂一心，二心所，三色，四不相應，五無爲。是等諸法，皆悉實有。所謂三世實有，法體恒有；薩婆多部以二種經證二種理證辯明之。二種經證者，雜阿含云，若過去色非有，不應多聞聖弟子衆，於過去色勤修厭捨。以過去色是有故，應多聞聖弟子衆，於過去色勤修厭捨。若未來色非有，不應多聞聖弟子衆，於未來色勤斷欣求。以未來色是有故，應多聞聖弟子衆，於未來色勤斷欣求。又云，識二緣生。其二者何？謂眼及色廣說乃至意及諸法。若未來世非實有者，能緣彼（去來）識，應闕二緣（根境）。俱舍頌疏釋之云，謂契經說識二緣生，如說眼識以眼及色爲二緣，乃至意識以意根及法爲二緣。意根過去，法通三世。過未若無，能緣意識，應闕二緣。過去無故，便闕意根，過未無故，復闕法境。二種理證者，一有境理，以識起時，必有境故。謂必有境，識乃得生，無則不生，其理決定。過未若無，所緣無故，識亦應無。二有果理，又過去業，有當果故。過去若無，其過去業，體應非有。由業無故，當果應無。既業有果，故知過未理必實有。

然說三世實有，有四種異說。一法救之類不同說，謂法體無異，由類不同，有三世之別。何則？凡有爲法，從未來至現在，從現在入過去。唯捨未來類，得現在類。復捨現在類，得未來類。唯捨得類，非捨得體。如破金器作餘物時，長短方圓等形雖有殊，而體無異。二法音之相不同說，謂法體無異，由相不同，有三世之別。何則？有爲法本來具三世相，其在未來時，捨過現二相，與未來相合。在現在時，捨過未二相，與現在相合。又在過去時，捨現未二相，與過去相合。卽其所合世相，有不同故，生三世之別。然與過去相合云者，謂過去一相顯現，現未二相隱沒。與現未相合云者，亦非離他二相，但有隱顯之相違。三世友之位不同說，謂法體無異，由位不同，有三世之別。何則？未來法者，未作用位。現在法者，正作用位。過去法者，已作用位。卽有爲法，在未作用位，名未來法。在正作用位，名現在法。在已作用位，名過去法。至位位中，作異異說。由位有別，非體有異。如運一籌，置一名一，置百名百，置千名千。四覺天之待不同說。謂法體無異，由待不同，有三世之別。何則？三世名由前後相對施設。後法望前法，爲未來法。前法望後法，爲過去法。

更望前後法，立現在法。即由待望不同，有三世名，法體無異。如一女人，對子名母，對母名女，對夫名妻。婆沙俱舍，評此四家，共謂世友之位不同說最善。以約作用，位有差別。由位不同，立世有異。諸法作用未有，名爲未來。有作用時，名爲現在。作用已滅，名爲過去。非體有殊。若經部宗，過未無體，唯現是有。

就有爲法三世遷流，有體滅用滅之異說。體滅者，謂法體之生住異滅。用滅者，對體滅，諸法滅，非其體滅，唯其作用滅。卽所見事物之生滅，唯是體上之作用，非體有生滅。有部宗不論一時永久，不許體滅，只就體上之作用言生滅。故云法體恆有。

如此，五蘊之法體亘過現未恆有，如彼山河大地又人天鬼畜等者，色法或色心法體由因緣聚合之假相，無其實體。即山河大地等者，極微所成。而人畜等有情，不外五蘊之假和合。五蘊之中，無有人我。但凡愚不覺，於五蘊身，强立主宰，執之爲我，起惑造業，感生死苦。如是計法爲有，知我是無；故名法有我無，又云我空法有。

第三節　業感緣起

法有我無宗，雖許諸法實有，然說由業力成壞，是曰業感緣起。謂宇宙間所有自他一切萬事萬物，皆由有情之業因感生。如前所述，一切有情，由惑作善惡等業，由業感生死等苦。惑業苦三道，展轉互爲因果；成三世，起輪迴；從無始來，盡未來際，生死相續。極微積集，成山河大地等別。五蘊和合，成人天鬼畜等別。世界自他一切萬象，畢竟有情日夜起造之惑業所招感。如俱舍云，有情世間及器世間各多差別（中略），但由有情業差別起。

一　業之種類

業者，造作義。內心之思惟造作，及隨內心之思惟造作所發動之行爲言語也。如俱舍說業體云，此所由業，其體是何？謂心所思及思所作。

業有二種，一者思業，二思已業。思業者，謂身口將發行爲言語時，先由內心思惟造作之心作用。思已業者，既於心中思惟造作已，動身體發言語也。如俱舍云，謂前加行，起思惟思，我當應爲如是如是所應作事，名爲思業。既思惟已，起作事思，隨前所思，作所作事，動身發語，名思已業。此思業思已業，更開爲身語意三業。心所思，即是意業。思所作業，分爲身語二業。如倶舍頌疏云，思是意業。思所作者，是身語業。因思起故，名思所作。此身語意三業，更開爲五業，卽身語意三業中身語二業，各有表業無表業，總成五業。茲列表如左。

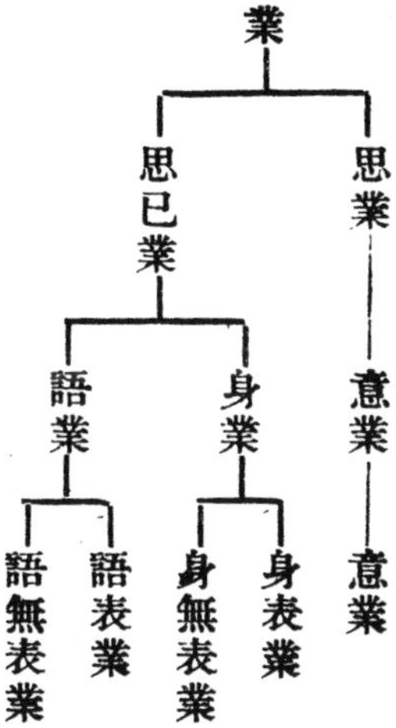

表者，表示義。身表業者，能表示內心令他見之動作取捨屈伸等也。語表業者，能表示內心令他聞之言語名句文也。無表業者，由身語之强表業所引起之一種業體，不能表示於他，而有防非止過之功能。如倶舍光記云，如是所說諸三業中，身語二業，倶表無表性。同是色業，一能表示自心善等令他知，故名表。一卽不能表示自心，故名無表。由斯差別，立二種名。意業非色，不能表示，故不名表。由無表故，無表亦無。卽將爲一事，先於心中加以種種分別思慮，是卽意業也。此分別思慮之意業，發動於外，於身體上行種種所作者，身表業也。起此身表業，同時原因結果之規則，擊發將來招感其結果之原因於自己之身中。其所擊發之原因，無形無象，在此在彼，無表示令他了知，故名之爲身無表業。又將發言語，先於心中種種分別思慮，是卽意業也。此意業發動於外，起諸言說，語表業也。發此語表業，同時依業性之善惡，擊發將來招感其結果之原因於自己之身中，名其所擊發之原因爲語無表業。此中小乘不立意表業，從而不立意無表業。大乘立意表業，意表業者，起貪瞋等念也。且意表亦如身語二表，有意無表。

二　業之體性

次論業體，於有部宗，身語意三業中，意業，以思心所爲體。身業者，身體之動作，離長短等形色外，更無別體。此中表業以長短方圓等形色爲體。無表業雖非極微所成，然由身體之動作所擊發故，以大種所造色爲體。語業者，言語之發動，離音聲外，更無別體。此中表業，以聲爲體；無表業，以大種所造色爲體。

經部宗於思差別上，建立表無表業。思有三種，一審慮思，將發身語，先審慮故。二決定思，起決定心，將欲作故。三動發勝思，正發身語，動作事故。其動發勝思，又有動身思發語思之別。此中意業以審慮決定二思爲體。身語二表業，唯以現行第三動發善不善思爲體。身表業，以能令身體動作之動身思爲體。語表業，以能令言語發動之發語思爲體。即思心所，依意門行，名爲意業。依身門行，名爲身業。依語門行，名爲語業。故此三業，皆思爲體。隨門異故，立差別名。身語無表業，但是思種。謂審決動發四現行思，於色心上熏成種子。此思種上，有防非止過之功能。於此功能上，假立無表，更無實體。即無表業以思心所種子爲體。

大乘義，於大體，與經部不異。然依經部宗，持種子不失者色（身）若心。此色心上，有生果功能。於其功能上，假立種子。離色心外，更無別體。若大乘義，持種子不失者，唯第八識。

三　業之性質

更就性質上觀察之，業有善惡（不善）無記三性之別。五業中，意業及身語二表業，皆通善惡無記三性。身語二無表業，唯善惡二性，不通無記。故從善性之意業發之善身表業，有善身無表業。從惡性之意業發之惡身表業，有惡身無表業。又從善意業發之善語表業，有善語無表業。從惡意業發之惡語表業，有惡語無表業。雖然，從無記意業發之無記身語表業，無身無表業，亦無語無表業。蓋無記之表業，非善非惡，故勢力微劣，不能引發强無表業。此無記身語表業所以無無表業也。然則三性業中，能招感當來果報者，善惡二業也。

所謂善又所謂惡者，婆沙俱舍及唯識家，就結果區分善惡無記三性。即能感得資益有情身心可愛之結果者，名善。能感得損害有情身心不可愛之結果者，名惡。又不感愛非愛之結果者，名無記。如婆沙云，若法，能招可愛果，樂受果；故名爲善。若法，能招不愛果苦受果；故名不善。若法，與彼二法相違，故名無記。又俱舍云，安隱業，說名爲善。能得可愛異熟涅槃，暫永二時濟衆苦故。（謂能得可愛之果報，暫脫苦。又得涅槃，久脫衆苦。）不安隱業，名爲不善。由此能招非愛異熟，與前安隱性相違故。非前二業，立無記名，不可記爲善不善故。然婆沙等，就能招未來之可愛果，說名爲善。能招不可愛果，名爲不善。唯識大乘，不唯未來世，廣於此他二世，能爲順益爲善。反之，能爲此他二世違損，名不善。

此善惡二性，依如婆沙俱舍，各有勝義，自性，相應，等起，四種。善四種中，一勝義善者，謂眞解脫。涅槃名解脫，以涅槃離生滅，脫變化，最極安隱，衆苦都寂，如人無病，無苦安隱。勝謂最尊，無與等者。義謂別有眞實體性。涅槃無等實有，故名勝義。如是勝義，安隱名善。涅槃是善是常，於一切法其體最尊，名勝義善。二自性善者，謂慚愧及無貪無瞋無癡三善根。此之五法，不待相應及餘等起，自性卽善，卽不待他助，自己之性質本來卽善，名自性善。猶如良藥，藥卽良善，故名良藥。三相應善者，謂與自性善之慚愧無貪無瞋無癡等心相應俱起之一切心心所。自性非善，與彼相應俱起，而得善名，名相應善。如雜藥水，水與藥雜，名爲藥水。四等起善者，謂善性之身語業，如放生，布施，梵行，誠實，質直，和諍，常輭等。以是自性及相應善所等起故，而得善名，名等起善。如良藥汁所引生乳。（謂如牸牛飲甘草汁，由此力故，所引生乳，其味甘美。）

翻前四善立四不善。一勝義不善，謂生死法。由生死中諸法，皆以苦爲自性，極不安隱，名勝義不善。如人痼疾，恆苦不安。二自性不善，謂無慚愧及貪瞋等三不善根。性是不善，猶如毒藥。三相應不善，謂與無慚愧等相應俱起之心心所法。要與無慚愧等相應，方名不善，如雜藥水。四等起不善，謂不善性之身語業，如殺生，不與取，欲邪行，虛誑語，離間語，麤惡語，雜穢語等。以是自性相應不善所等起故，如毒藥汁所引生乳。

又勝義無記，謂虛空非擇滅二無爲。以是常故，名爲勝義。非道所證，故名無記。理實有爲無記，名自性無記。自體是無記，不待別因成無記故。俱舍說勝義無記一，不立自性無記。正理論具明。又無記中，無有相應等起無記。

若依大乘善不善無記或各分二。一世俗善，謂有爲善法；招世出世可愛果故，麤重生滅，非安隱故。二勝義善，謂無爲善法；最極寂靜性安隱故。不善二種者，一世俗不善，謂諸極惡法；能招麤顯非愛果故。二勝義不善，謂諸有漏法；自性麤重，不安隱故。無記二種者，一世俗無記，謂有爲無記法；不能招愛非愛果故，自性麤重，濫不善故。二勝義無記，謂虛空非擇滅；不招二果，無所濫故。

或各分三。善有三者，一感愛果善，謂有漏善法。二性巧便善，謂有爲善法。三性安隱善，謂無爲善法。不善三者，一感非愛果不善，謂極惡法。二性非巧便不善，謂染汙法。三性不安隱不善，謂有漏法。無記三者，一相應無記，謂諸無記心心所法。二不相應無記，謂無記色不相應行。三眞實無記，謂虛空非擇滅。

或各分四。善有四者，一自性善，謂信等十一唯善心所。二相應善，謂信等相應心心所法。三等起善，謂諸善色不相應行。種子善者，準義亦爾。四勝義善，謂善無爲。不善四者，一自性不善，謂無慚等十唯不善心所。二相應不善，謂無慚等相應心心所法。三等起不善，謂不善色不相應行。種子亦爾。四勝義不善，謂有漏法。無記四者，一能變無記，謂諸無記心心所法。二所變無記，謂無記色法。種子亦爾。三分位無記，謂無記不相應法。四勝義無記，謂虛空非擇滅。

如是善不善各有多種。五業中，善性之身語表無表諸業，攝於等起善。不善性之身語表無表諸業，攝於等起不善。卽身語之表無表諸業名善不善，皆就等起立，非身語體是善不善。以是自性相應善不善所等起故，得善不善名。又善性之意業，攝於相應善。不善性之意業，攝於相應不善。非勝義自性之善不善。

四　業道

業通三性，而能招感當來果報者，善惡二業。於善惡二業中，攝其麤顯易知者，立爲十業道。此有二類，一十惡業道，二十善業道。十惡業道者，殺生，不與取，欲邪行；（以上身三）虛誑語，離間語，麤惡語，雜穢語；（以上語四）貪，瞋，邪見。（以上意三）十善業道者，離殺生，離偷盜，離邪婬；離虛誑語，離離間語，離麤惡語，離雜穢語；無貪，無瞋，正見。十惡，舊譯作殺生，偸盜，邪婬；妄語，兩舌，惡口，綺語；貪欲，瞋恚，邪見。十善翻此，不殺生乃至不邪見。

行善惡事，有加行根本後起之別。加行，謂前方便。根本，謂正遂所作事業。後起，謂遂其所作事業，後更有所作等。如屠羊者將行殺時，先發殺心，手執刀杖，若打若刺，或一或再至命未終，如是皆名殺生加行。隨此表業，彼正命終，此刹那頃表無表業，是名殺生根本。此刹那後，剝截治洗，若秤若賣，或煮或食，讚述其美，如是亦名殺生後起。今稱十善十惡爲業道者，此加行根本後起中，唯就根本，卽行善惡事所作究竟之一刹那，立業道名，非加行後起。道者，所遊履，卽所行義。卽十惡中貪瞋邪見三者，思（思卽是業）所遊履，故名業道。如俱舍云，十業道中後三唯道，業之道故，立業道名。彼相應思說名爲業。彼轉故轉，彼行故行，如彼勢力而造作故。身三語四七者，身體之動作言語，其體是業，復爲引起動作之思業所遊履，具應稱業業道，略稱業道。如俱舍云，前七是業，身語業故。亦業之道，思所遊履故。由能等起身語業思，託身語業爲境轉故，業業之道，立業道名。十善業道準此。

十惡業道之加行，皆從貪瞋癡三不善根生。然業道之究竟，殺生，由瞋；不與取，欲邪行，由貪成。虛誑語，離間語，雜穢語，由貪瞋癡三不善根；麤惡語，由瞋成。貪業道，由貪；瞋業道，由瞋；邪見業道，由癡成。

又十善業道之究竟，皆由無貪無瞋無癡三善根成。以善三位（加行根本後起）皆是善心所等起故，善心必與三種善根共相應故。

五　業力感果之時期

善惡業力感果之時期，有遲速；或於現在，或於未來。未來中，復有未來次生，次後生。次生名順次，次後生名順後。

就感果之時期，區別業之種類，有三家，一四業家，二五業家，三八業家。四業家立順現，順生，順後，順不定四種。一順現法受業，又名順現受業；謂此生造業，即此生受果。二順次生受業，又名順生受業；謂此生造，第二生受。三順後次受業，又名順後受業；謂此生造，第三生或其後受。此順現順生順後三業，感果之時期決定；故云定業。四不定受業，又名順不定受業；謂此生造，感果之時期不定。二五業家，開第四不定業，爲異熟（報）定時不定，異熟時俱不定二；與定業三，合爲五種。異熟定時不定者，謂果必受，於三世時即不定。異熟時俱不定者，謂果與時俱不定受。三八業家，定不定四，各開二種，合爲八種。順現順生順後三業，各有時報俱定時定報不定二，與不定二，合爲八種。時報俱定者，謂感果時期與所得結果俱定。時定報不定者，謂感果時期定，所得結果不定。如是業有四業五業八業之別，然就感果之時期，不出順現順生順後不定四類。以是俱舍論主，於三說中，以四業家說於理爲善。

六　引業滿業

更依報果之種類，分業爲引業滿業二種。即由業力所招感之報果，有總別二類。總報者，例如人趣，彼此同禀人身，彼此受共同之果報，是曰總報。別報者，雖同禀人身，而有男女貴賤大小美醜賢不肖等別，是曰別報。引業者，引總報果之業力。滿業者，招別報果之業力。引業引總報果，一業但引一生，不引多生。又一生但一業所引，非多業所引。滿業招別報果，許由多業圓滿。如俱舍明業感多少云，爲由一業，但引一生，爲引多生？又爲一生，但一業引，爲多業引？頌曰，一業引一生，多業能圓滿。一業引一生者，釋引業也，舊云總報業也。依有部宗，但由一業，唯引一生。若許一業能引多生，時分定業，應成雜亂。若此一生多業所引，應衆同分分分差別，以業果別故。分分差別者，謂數死數生也。故知一業唯引一生。多業能圓滿者，釋滿業也，舊云別報業也。雖但一業引一同分，而彼圓滿莊嚴，許由多業。譬如畫師先以一色圖其形狀，後塡衆彩。是故雖有同稟人身，而於其中，有具支體，色力莊嚴，或有缺減。就引總報之業力，大小乘其說不同。如上所述，有部稱一業引一生，多業能引滿，謂引總報之業力，唯引一生。然大乘宗稱一業引多生，多業能引滿。謂引總報之業力，不唯引一生，或二生三生。經部宗亦許一業引多生。

又前順現順生等四業中，除順現業，餘三業能引總報。順現業不引總報。然婆沙有三說，第一說，順生順後二業，能引衆同分果，亦能滿衆同分果。順現順不定二業，能滿衆同分果，不能引衆同分果。即順生順後二業，能招總別二報。順現順不定二業，唯能招別報。第二說，三能引衆同分果，亦能滿衆同分果，謂除順現。一能滿不能引。謂順現業。即順生順後順不定三業，能招總別二報。順現業唯能招別報。第三說，一切皆能引能滿。即順現順生等四業，皆能招總別二報。俱舍與婆沙第二說同，謂四業中，除順現業，餘三業能招總報。

如是，業力有現在或未來招果。未來中，有次生或次後生招果。而其招果也，復有引總報，或引別報。故有人天鬼畜男女好醜等別。

七　業果

業力萬殊，故其所招感之結果亦各別。然大別之，不過有漏果無漏果二種。有漏果者，由有漏業因所招果報。有漏業因，有善有惡。十善業等，是善法。十惡業等，是惡法。善法招樂果，即人天等果報。惡法招苦果，即鬼畜等果報。無漏果者，由無漏善業因所招果報，如三乘賢聖是也。此漏無漏果，各有依正二報。如前所述，依報者，有情衆生所依止之國土世界。正報者，有情衆生之自體。而此依報及正報，皆有情過去之業力所感生。其中如人畜等有情之自體及其所依止之國土者，有漏善惡業力所感生。佛身及佛土者，無漏善業力所感生也。

（一） 正報

就從有漏業生之正報即有情，佛家有人天鬼畜等別，今就其中人趣言之。人趣有情，有四期生滅循環，曰四有輪轉。四有者，死有，中有，生有，本有。死有者，謂由過去前世起造之煩惱業力，將招今世之果報，於前世最後命終一刹那之諸蘊。即本有後，中有前，壽命方盡時之色心。中有者，謂死有後，在生有前，於其中間，有五蘊起。爲至生處，故起此身，二有中間，說名中有。卽現生當生中間之果報。一作中陰，陰者五陰。就此中有，有大小乘所說不同。小乘中，有部宗說死有後生有前，必有中有。大衆，一說，說出世，雞胤，及化地部；說無中有。成實論亦說無有中陰。大乘宗說有無不定，謂極善極惡無中有。如作極勝之善業，生淨土；又造極猛利之惡業，生無間地獄；死有後，招生有之結果速疾；故無中有。其他之善惡業，其招來世之果報，非猛利且速疾故，死有後皆有中有。胎卵濕化四生中，中有唯化生。若應生人趣，此中有身，其形量如五六歲小兒，而六根具足。瑜伽對法等論言造惡業者所得中有，如黑羺光，或陰闇夜。作善業者所得中有，如白衣光，或晴明夜。以中有身極微細故，諸生得眼則不能觀，唯修得極淨天眼能見。如光記云，此中有身，五趣同類，各別相見。異趣相望，卽不能見。若有修得極淨天眼，亦能得見。諸生得眼，皆不能見中有，以極微細故。住中有位之時限，異說頗多。婆沙出四說，第一毘婆沙師說，住中有位，經於少時，必往結生，速求生故。第二設摩達多論師說，中有極多住七七日，四十九日，定結生故。第三世友論師說，中有極多住經七日，彼身羸劣，不久住故。若生緣未合，便數死數生。第四法救論師說，此無定限。謂彼生緣速和合者，此中有身卽少時住。若彼生緣多時未合，此中有身卽多時住，乃至緣合方得結生。瑜伽對法言中有若極七日，未得生緣，死而復生，極七日住。如是展轉未得生緣，乃至七七日住。自此已後，決得生緣。方此中有將往生處，以業勢力最強盛故，任何堅牢之物體不能遮，任何有力者不能抑制。所謂上至世尊，無能遮抑；又金剛（山）等所不能遮。又當生之因緣和合，應往其當所生處時；一切種力，皆不能轉。爲往彼趣中有已起，但應往彼定不往餘。人中有起，但往人趣受生；傍生之中有起，但往傍生趣定不往餘。若大乘，則許中有轉。生有者，謂從中有來託母胎，初受生時一剎那之五蘊。卽於諸趣結生之一剎那。中有將至所生處時，必先起妄想顚倒心，馳趣欲境。彼由業力所起眼根，雖住遠方，能見生處父母，而起倒心。此心生已，中有便沒，入母胎藏，名已結生。此結生之初念，名生有。本有者，本過去業所感之有，名爲本有。謂在死有前，居生有後，於其中間所有五蘊。卽生有後，漸漸增大，月滿出母胎，至死有間。此本有中，有胎內胎外之別。胎內又有五位，一羯剌藍，譯云和合，或云雜穢，亦云凝滑；託胎已後初七日間也。二頞部曇，譯云皰，第二七日間也。三閉戶，譯云血肉，第三七日間也。四健南，譯云堅肉，第四七日間也。五鉢羅奢佉，譯云支節，後髮毛爪等及色根形相漸次轉增，總是第五位；第五七日已後，至出胎，三十四個七日間也。此五位總有三十八個七日，即二百六十六日。胎外亦有五位，一嬰孩，謂出胎已後至六歲間。二童子，謂從七歲至十五歲間。三少年，謂從十六歲至三十歲間。四中年，謂從三十一歲至四十歲間。五老年，謂四十一歲已後。

如是，從死有至中有，從中有至生有，從生有至本有。更起煩惱造業，次第從本有至死有，從死有至中有，從中有至生有，從生有至死有；展轉生死，如汲井輪；是曰四有輪轉。

有部宗義，有情衆生，唯有五蘊和合之身心，更無實我。此世之五蘊盡，續生他世之五蘊時，非離五蘊，別有常住之實我，受他世生。然五蘊之身心剎那滅故，亦非此世之五蘊，即能從此世間轉至餘世。但由數習煩惱業所爲，令中有蘊相續入胎，無間續生他世之五蘊。譬如燈焰，雖剎那滅，而能前後相續，轉趣餘世。諸蘊亦然。故雖無常一主宰之實我，而由惑業以爲因故，諸蘊相續，入胎義成。如業所引，令胎中蘊次第轉增，謂從羯剌藍乃至鉢羅奢佉，乃至命終，現蘊相續。於現在世，復起惑業。以此爲因，更趣餘世。如是，惑業爲因故生。生復爲因，起於惑業。從此惑業更復有生。故知有輪旋環無始。

（二）　依報

次就依報即國土，俱舍言三界無邊，如虛空量。如虛空無邊，世界亦無邊無際。然此無邊無際之世界，論其體質，不外色香味觸四塵。而此色香味觸四塵者，極微積集所成也。關於極微，佛教中有種種異說。俱舍云，分析諸色至一極微，爲色極少，卽極微是色極少，如剎那是時極少。依如俱舍七分隙遊塵，（自在飛散虛空中之塵）名牛毛塵。更七分牛毛塵，名羊毛塵。更七分羊毛塵，名兎毛塵。（一解兎毛上住，一解量如兎毛端，乃至牛毛，皆有兩釋。）更七分兎毛塵，名水塵。（水塵金塵，彰所知論作透水塵透金塵。）更七分水塵，名金塵。（解云塵向金上住，又解塵透金過，乃至水塵，皆有兩釋。）更七分金塵，名微。更七分微，名極微。如是從隙遊塵，漸次七分，至不可分之至極微細處，名爲極微。而極微積集，稱七七合成。謂七極微爲一微量，積微至七，爲一金塵。積七金塵，爲一水塵。積七水塵，爲一兔毛塵。積七兔毛塵，爲一羊毛塵。積七羊毛塵，爲一牛毛塵。積七牛毛塵，爲一隙遊塵。如是自微之著，自細之麤，漸漸七合，或成山岳，或成河海，其他金石草木，無不皆然。

極微具有堅濕煖動四性。堅性，具能持物之作用。濕性，能引攝物。煖性，能成熟物。動性，能生長物。此堅濕煖動四性，亦名地水火風四大。極微具有此四作用，故能構成一切萬物。即極微本具之四性，互有偏增；故隨其偏增之極微，積集成種種不同之物體。如堅性一部增勝，餘三性雖有如無，其勢力隱而不現之極微積集時；成大地大山等。濕性一部增勝之極微積集時，成大江大海等。煖性一部增勝之極微積集時，成炎爐猛焰等。動性一部增勝之極微積集時，成黑風團風等。如是，極微具四種性質，故一切萬物，皆其積集。山川草木金石瓦礫等，無一非極微所成。

極微三世實有，常恆不滅；只依有情衆生業力之有無，有作用之生滅。如前所述，世界之成壞，有四大時期，所謂成住壞空四轉動，不外乎極微之集合又離散。而令極微集合又離散者，有情衆生之共業力也。業有共不共之別。共業者，自他共同造善惡業，招自他共通即多人共受用之苦樂果報（共報）。不共業者，各別之業因，招各自殊別即唯自己受用之果報（別報）。正報即有情者，不共業所招。依報即世界者，自他有情之共業力，令極微集合又離散也。即有情自體及其所依止之世界，皆業力所感。

第二章　俗有眞空說

第一節　總說

俗有眞空者，龍樹提婆等論師，宗般若等經，造中百十二門大智度般若燈掌珍等論，說一切法不離二諦。二諦者，一眞諦，二俗諦。一作世俗諦勝義諦（又作第一義諦）。若世俗門，諸法皆有，乃至許有我法心境。若勝義門，諸法皆空。如智度論云，佛法中有二諦，一者世諦，二者第一義諦。爲世諦故，說有衆生。爲第一義諦故，說衆生無所有。卽依世俗諦，宇宙萬有皆有。若依第一義諦，萬有當體卽空。

第二節　二諦

中觀家之教義，不外前節所述眞俗二諦。如中論云，諸佛依二諦，爲衆生說法；一以世俗諦，二第一義諦。若人不能知分別於二諦；則於深佛法，不知眞實義。又三論玄義云，中論以二諦爲宗。所以用二諦爲宗者，二諦是佛法根本，如來自行化他皆由二諦。諦者實義。如二諦章云，諦是實義，有於凡實，空於聖實，是二皆實。又三論玄義云，有二諦故，佛語皆實。以世諦故，說有是實。第一義故，說空是實。蓋從俗諦上觀之，日月麗乎天，百穀草木麗乎土，萬象森然差別，豈得言無？若夫從眞諦上觀之，差別之萬象，雖宛然羅列，唯是假有之幻相，從因緣所生。既稱因緣所生，卽知假因託緣，無有自性。所以然者，若諸法有定性，則應不待因緣，自然而生。然諸法不從無因生，不從一因生，必假衆多因緣和合而生。卽迷悟染淨一切法，一切時一切種，唯是衆緣和合所生，故無自性。無自性故，卽畢竟空無所有。畢竟空者，謂諸法究竟不可得。如中論云，衆因緣生法，我說即是空。何以故？衆緣具足和合而物生。是物屬衆因緣，故無自性。無自性，故空。空亦復空。但爲引導衆生故，以假名說。離有無二邊故，名爲中道。是法無性故，不得言有。亦無空故，不得言無。若法有性相，則不待衆緣而有。若不待衆緣則無法，是故無有不空法。又云，佛說大乘諸法，若有色無色，有漏無漏，有爲無爲等諸法相；入於法性，一切皆空。當知空有者，相待之假稱，畢竟不過詮顯中道眞理之言教。故執有撥空，則失於眞諦。執空排有，則失於俗諦。言有言空，同爲有所得之妄見，非中道之正理。有者，對空之假名。空者，對有之假稱。對空假名說有，故有亦非有之有。對有假名說空，故空亦非空之空。既非有爲有，則非異空之有。又非空爲空，則非異有之空。若非異空之有，則有眷空之有。又非異有之空，則空者有之空。有之空，空之有，無所得之妙理中有緣生之諸法，彼此不相妨。於是有眞俗二諦。以俗諦故，不離無所得之妙理，緣生之諸法歷然。以眞諦故，不捨假名，說無所得之實相。所謂以俗諦故，不動眞際，建立諸法。以眞諦故，不壞假名，而說實相。故雖因緣有，宛然卽畢竟空。雖畢竟空，宛然因緣有。有空相卽，眞俗不二。所以然者，諸法實相者言亡慮絕無所得之中道，未曾眞俗。但爲衆生故，於無名相法，强作眞俗名說。

大乘玄論及中論疏，開四重二諦，洗淨一切有所得心。第一重有爲俗諦，空爲眞諦。然俗諦之有，由眞諦之空；眞諦之空，由俗諦之有。既爲由空之有，則非實有，而爲不有之有。又爲由有之空，則非實空，而爲不空之空。故第二重有空爲俗諦，非空非有始爲眞諦。卽若有若空，皆是俗諦。既爲不有之有，不空之空，則有空元不二無別，故非空非有，方是眞諦。第三重空有爲二，非空非有爲不二，二與不二，爲俗諦。非二非不二，爲眞諦。卽若二若不二，皆是俗諦。非二非不二，卽二而不二，不二而二，方是眞諦。第四重，總前三重爲俗諦，不三爲眞諦。如玄論云，此三種二諦，皆是教門。說此三門，爲令悟不三，無所依得，始名爲理。即前三重者，言語上之戲論，皆是俗諦。言亡慮絕，方是眞諦。如疏云，或言有是世諦，空爲第一義。如大品云，菩薩住二諦中，爲衆生說法，爲著有者說空，爲著空者說有。即初重意。大品又云，若有若無，世諦故說。非有非無，第一義諦。即第二重意。華嚴云，不著不二法，以無一二故。即第三重意。華嚴又云，諦了分別諸法時，無有自性假名說，悉欲分別世諦義，菩薩因此初發心。一切諸法語言斷，心行寂滅如虛空，悉欲分別眞諦義，菩薩因此初發心。此以一切言說爲世諦，言亡慮絕爲第一義諦。即第四重意也。又云，爲破四病，故說四門。初明於凡夫是有，名爲世諦。於聖人是空，名第一義諦。次明爲破有，故言空耳。諸法未曾是有，亦未曾是空。空有並出兩情。故皆是世諦耳。知未曾空有，名爲眞諦。次明爲破空有，故言非空有耳。竟未曾是空是有，何曾是非空非有。故空有非空有，二不二，皆是世諦。非空非有，非不空非不有，方是眞諦。次明說四句爲俗，非四句方乃是眞。

第三節　八不

二諦所顯，唯在無所得中道。故中論以八不明二諦義。八不者，不生不滅，不常不斷，不一不異，不來不出，八句四對也。八不源出瓔珞經佛母品。如經云，二諦義者，不一亦不二，不常亦不斷，不來亦不去，不生亦不滅。龍樹論師承之。於中論初云，不生亦不滅，不常亦不斷，不一亦不異，不來亦不出。能說是因緣，善滅諸戲論，我稽首禮佛，諸說中第一。又於智度論云，如說諸法相偈，不生不滅，不斷不常，不一不異，不去不來，因緣生法。滅諸戲論。生滅常斷一異來出八事者，諸法之假相，而衆生迷之，執爲眞實。生者，謂諸法實有生。滅者，實有滅。常者，謂諸法常存。斷者，終歸斷滅。一者，謂諸法渾然爲一。異者，別異。來者，謂諸法從自在天世性微塵等來。出者，還去至本處。是曰八迷，又稱八計。從此八迷，更生始末無量無邊之妄執。故於是等相待差別之八種迷見上，一一冠不字而遮遣之，以影顯無所得中道實相之妙體。如中論云，以此八事總破一切法。總破一切法者，歷破衆生心所行事。衆生心唯行此八事中故，今皆悉不之，令心無所行。無所行故無所得，即是迴悟無生。不者，泯義，破義。又非義，無義。如大乘玄論云，經中明百非，非與不及無三名，亦得通目一法。又云，以八不洗除盡淨諸法，故經中具有百非，即還是百不百無等。不門無量，所謂不，則不於一切法也。如涅槃經說十不，又智度論說十二不。法既無量，不亦應然。如病多故，藥亦應多。然衆生之迷執，雖無量無邊。尋其根源，不出生滅常斷一異來出八事。姑寄八不，該攝一切。絕百非，超四句。如中論云，法雖無量，略說八事。則爲總破一切法。故八不隨根之利鈍，有開合之異。開之爲無量不，合之爲不生一不。如疏云，佛雖說八不，則東歸一無生。所謂亘十方橫通三世竪，一切佛法皆同，無非不生也。中論以自因他因共因無因四句，推檢諸法，以證諸法之不生不可得。所謂諸法不自生，亦不從他生，不共，不無因，是故知無生。番梵二本云，非從自從他，非從共無因，隨何等何處，物終無有生。無畏論釋云，何等，謂隨事。何處，謂隨時隨境。物即諸法，以順外道通稱，說爲物也。因緣和合而諸法生，曰生。此生相但假有。若實有。生應不藉因緣。二諦中決定無實性之生。既非實生，故不生。因緣離散而諸法滅，曰滅。不生何得有滅之對生。生故方滅，既不生亦復不滅也。若先有性，是即爲常。既藉因緣，則無有性，故不常。先有今無，是卽爲斷。既非先有，何得有斷，故不斷。本來不生，何得有一異。若渾然爲一者，不應芽莖等別。若異者，何故分別穀芽穀莖穀葉，不說樹芽樹莖樹葉。故知不異亦復不一。來無所從，去無所至。故論云，如虵從穴出，鳥來棲樹等，不見有如是等相，故知無有來出也。諸法實相之妙體，由不生不滅，不常不斷，不一不異，不來不出八不而顯。橫破生滅常斷一異來出八迷，竪窮生滅不生不滅亦生滅亦不生滅非生滅非不生滅五句，（以求彼生滅不得，故云不生不滅。生滅既去，不生不滅亦生滅亦不生滅，非生滅非不生滅，五句自崩。如就生滅，對一異等六迷亦如此。）洗顚倒之病，令畢竟無遺，即是中道實相。是則八不即是無依無得無所有中道正觀，亦即諸法實相。故八不者二諦法門之極致也。由此八不，開顯正觀，了因緣性空而生二慧。云何二慧？謂實慧，方便慧。方便慧者，鑒有不取。實慧者，觀空不證。如中論疏云，二慧由二諦而發，二諦因八不而正。不悟八不，即不識二諦。不識二諦，即二慧不生◎。又云，八不者，蓋是正觀之旨歸，方等之心骨。定佛法之偏正，示得失之根原。迷之即八萬法藏，冥若夜遊。悟之即十二部經，如對白日◎。又玄論云，八不者，蓋是諸佛之中心，衆聖之行處也。（中略）、竪貫衆經，橫通諸論也◎。

中觀宗破邪之外無顯正，破邪即顯正。姑對破有所得之邪，顯無所得之正。如三論玄義云，一源不究，則戲論不滅。毫理不盡，則至道不彰。以無源不究，群異乃息。無理不盡，玄道始通。以是斯文，偏排衆計。又云，若心存內外，情寄大小，則墮在偏邪，失於正理。旣失正理，則正觀不生。若正觀不生，則斷常不滅。若斷常不滅，則苦輪常運。以內外並冥，大小俱寂，始名正理。悟斯正理，則發生正觀。正觀若生，則戲論斯滅。戲論斯滅，則苦輪便壞。戲論滅，群異息，則無所得之至道彰。即破邪已盡，無有所得。有所得之迷見旣無，言慮無寄。此言亡慮絕無所得境即正，故破邪即顯正。無所得者，眞理之極致，言亡慮絕，非有非無，非亦有亦無，非非有非無；所謂言語道斷，心行處滅；故唯無所得。如是以無所得爲至道，爲正理，故八不之外，無別中道，八不即中道。如中論疏云，所以說八不者，有二種意，一爲顯三種中道，二爲滅諸戲論。滅諸戲論者，破邪也。顯三種中道，即顯正也。三種中道者，世諦中道，眞諦中道，二諦合明中道。世諦中道者，無生可生，無滅可滅，但以世諦故，假名說生滅。假生生非定生，假滅滅非定滅。滅外無生，生外無滅。

生滅宛然，而不生不滅，名世諦中道。眞諦中道者，對世諦生滅，有眞諦不生不滅。生滅既假，不生不滅亦假。假生滅既非生滅，假不生滅亦非不生滅。不生不滅宛然，而非不生非不滅，名眞諦中道。二諦合明中道者，世諦生滅，即是不生滅生滅。眞諦不生不滅，即是生滅不生滅。不生滅生滅，是則非生滅。生滅不生滅，是則非不生滅。非生滅非不生滅，名二諦合明中道。如中論疏云，非生非不生，既是中道，而生而不生，即是假名。此假生假不生，即是二諦。故以無生滅生滅，以爲世諦。以生滅無生滅，爲第一義諦。然假生不可言生，不可言不生，即是世諦中道。假不生不可言不生，不可言非不生，名爲眞諦中道。此是二諦各論中道。然世諦生滅，是無生滅生滅。第一義無生滅，是生滅無生滅。然無生滅生滅，豈是生滅。生滅無生滅，豈是無生滅。故非生滅非無生滅，名二諦合明中道也。又大乘玄論云，無有可有，以空故有。無生可生，亦無滅可滅。但以世諦故，假名說生滅。假生生非定生，假滅滅非定滅。生非定生，滅外無生。滅非定滅，生外無滅。滅外無生，由滅故生。生外無滅，由生故滅。由滅故生，生不獨存。由生故滅，滅不孤立。此之生滅，皆是因緣假名。因緣生，生而不起，所以不生。因緣滅，滅而不失，所以不滅。故不生不滅，名爲世諦中道也。餘句例之可尋。次明對世諦有生滅故，明眞諦不生不滅。所以空有爲世諦，假生假滅。有空爲眞諦，假不生假不滅。此不生不滅，非自不生不滅。對世諦假生滅，明眞諦假不生滅。世諦假生滅，旣非生滅，眞諦假不生滅，亦非不生滅。故非不生非不滅，爲眞諦中道也。餘句例之可知。次明二諦合明中道者，有爲世諦，有生有滅。空爲眞諦，不生不滅。此不生滅，即是生滅不生滅。此生滅，即是不生滅生滅。不生滅生滅，是則非生滅。生滅不生滅，是即非不生滅。故非生滅非不生滅，是二諦合明中道也。生滅旣爾，餘句例應可解也。即中道者，非生滅非不生滅，洗淨一切妄想分別，絕待不可得之眞理。一切情慮，皆不能得其眞。一切言語，皆不能得其實。爲顯此義，中論疏說對偏中，盡偏中，絕對中三種。大乘玄論說對偏中，對邪中，實義中三種。三論玄義，說對偏中，盡偏中，絕待中，成假中四種。對偏中者，對大小學人斷常之偏病，說中道；故名對偏中。盡偏中者，大小學人，有於斷常偏病，則不成中。偏病若盡，即中道。蓋是洗淨斷常故，强名爲中，故名盡偏中。玄論云對邪中，對治偏邪，即中道故。偏是偏錯，稟佛教生錯解。邪是自樹，不稟佛教。絕待中者，藥爲治病，病愈藥亦無。本對偏病，是故有中。偏病既除，中亦不立。非中非偏，爲度衆生，强名爲中，故名絕待中。玄論云實義中，即絕待中者，中道之實義故也。成假中者，偏病既除，中亦不立，非中非偏，名絕待中。所以設眞俗二諦名，說俗有眞空等者；於無名相中，假分別名相；爲對治執有，示眞諦空；爲對治偏空，示俗諦有；所謂應病授藥也。即有無爲假，非有非無爲中。由非有非無，故說有無。如是之中，爲成有無之假。故名成假中。如三論玄義云，中以不中爲義。所以然者，諸法實相，非中非不中，無名相法，爲衆生故，强說名相。欲令因此名以悟無名，是故說中，爲顯不中。◎

離言絕相之中道，即涅槃也。如中論云，諸有所得皆息，戲論皆滅。戲論滅故，通達諸法實相，得安隱道。從因緣品來，分別推求諸法有亦無，無亦無，有無亦無，非有非無亦無，是名諸法實相，亦名眞如，法性，實際，涅槃。◎疏釋之云，從因緣品至涅槃品，橫絕百非，豎超四句，名爲諸法實相，即是中道，亦名涅槃。涅槃者，超四句，絕百非。即是累無不寂，德無不圓。累無不寂，不可爲有。德無不圓，不可爲無。非有非無則是中道。中道之法，名爲涅槃。（中略）亦名佛性，以衆生橫起百非，竪生四見，隱覆實相故；名爲佛性。若知百非本空，四句常寂，即佛性顯，稱爲法身。楞伽經出法身五名，謂眞如，法性，實際，法界，法身。今論出五名，初名實相，次眞如，法性，實際，涅槃。

第三章　外無內有說

第一節　總說

外無內有者，唯有內心，無心外境。所謂心外法無，非無內識。又云，識有非空，境無非有。即所謂唯識也。所言唯識者，無著世親等論師，宗深密等經瑜伽等論，造顯揚聖教，攝大乘，集論，二十唯識，三十唯識等論；說一切法有空不空，成立唯識無境義。唯者，簡別義，除遣執心外境實有之迷妄。識者，了別義，表有內心變現萬有。即遮虛妄執，顯但有識，無心外境，云唯。了別之心，略有三種，廣有八種，云識。如成唯識論述記序云，唯謂簡別，遮無外境。識謂能了，詮有內心。又云，唯遮境有，執有者喪其眞。識簡心空，滯空者乖其實。即識謂分別了達，所分別了達之山河大地日月星辰等，名境，名事，或物。能分別了達山河大地等境之作用，名識。能分別與所分別，皆出於識，故曰唯識。

第二節　諸識之名相

一　前六識

能變現一切萬有之心，如上所述，略有三種，廣有八種。所謂八種者，一眼識，二耳識，三鼻識，四舌識，五身識，六意識，七末那識，八阿賴耶識。此中眼耳鼻舌身五識，如前所述，如次依眼耳鼻舌身五根所起，以了別色聲香味觸五境爲其作業之心也。此五識，過去未來現在中，唯知覺現在，不能知過去未來。其知覺現在，亦只知外界之事物，不能知內界之心作用等。其知外界之事物，亦唯直覺之，不能比知推測。

第六意識者，廣向內外一切事理思惟了別之心。故非如彼眼耳鼻舌身五識，唯直覺現在；通過現未三世，思惟分別。此識有五俱意識與不俱意識二種。五俱者，謂與眼等前五識同時俱起並生，助前五識令起，又令明了取境。不俱者，謂不與前五識俱起，單獨發生。五俱意識，更有五同緣意識與不同緣意識二種。五同緣者，謂不唯與前五識同時俱起，並與之同緣一境，生了別之作用。即對於同一外界之事物，同起了別之作用。不同緣者，雖與前五識同時俱起，不與之同緣一境，而緣他事物。如觀書或聽講，其時不唯眼識生，觀文字；耳識生，聆講說；第六意識，與眼耳等識同時俱起，同視同聽；是曰五同緣意識。又眼識生，觀文字；或耳識生，聆講說；同時意識生起，然不與眼識同視耳識同聽，而了別他事物；是曰不同緣意識。不俱意識，亦有五後意識與獨頭意識二種。五後者，雖不與前五識同時俱起，然亦非截然與之相離，於前五識直覺外界之事物後，繼續生起。獨頭者，不唯不與前五識同時起，亦非於前五識生後繼續生，獨現孤起。如閱覽甫竟，思索旋生；此五後意識也。又當眼不見色，耳不聞聲，乃至身不觸物時；即當前五識全休息不生時，獨現孤起，想像過去，又推測未來者；獨頭意識也。此獨頭意識，復有獨散意識，夢中意識，定中意識；三種。獨散意識者，第六意識，於散位，不伴前五識而起，不緣五塵境，獨緣三世諸法，追憶過去，豫想未來，或比較計度，作種種分別。夢中意識者，於夢幻朦朧中現起之意識。定中意識者，收心色界無色界等一切禪定中，前五識總不起，唯意識緣前境。第六意識有如此種種作用，故通過現未三世，思惟量度一切諸法。

此識由五緣生。五緣者，一境，二作意，三不共依第七識，四共依現行阿賴耶識，五親因緣種子。通善惡無記三性。六位五十一心所，悉與相應。常具緣，生起易。但在五位，間斷不起。五位者，睡眠，悶絕，無想定，滅盡定，及生無想天時。

要之，第六意識，於諸識中爲最強，有自在力，迷悟昇沈之業，無一不由此識之作用。

二　第七識

第七末那識者，如前所述，末那，譯云意，思量義。此識以第八阿賴耶識爲依，始能生起。復以彼第八識爲對境，向之恆審思惟量度，而執爲實我實法。實我實法之迷執，各有俱生起與分別起二種。分別起者，要待邪師邪教及邪分別之外緣力，然後方起之麤顯迷執。俱生起者，無始時來，虛妄分別熏習之內因力故，恆與身俱。不待邪師邪教及邪分別，任運而起。常在心內，執着實我實法之微細心也。此皆令有情衆生造惡業沈淪生死之迷執，而其中爲根本源底者，俱生起實我實法之迷執也。第七識向第八阿賴耶識迷執爲我法者，俱生之我法。是故第七末那識者。一切衆生迷妄之根源也。

三　第八識

第八阿賴耶識者，如前所述，阿賴耶，譯云藏，一種微細心也。藏有三義，一能藏，二所藏，三執藏。能藏者，此第八識，能攝藏色心諸法之種子；如倉能藏五穀種子。所藏者，前七識熏諸法之種子於此第八識中。即爲善，則同時向第八識即自己之主體，熏習善之原因。又爲惡，則同時向第八識熏習惡之原因。故第八識依受熏義，名所藏。謂此識即諸法之所藏處，如倉是五穀等之所藏處。執藏者，第八識從於因緣而生，非實我亦非實法，而第七識向此非實我之第八識，恆審思量，執爲實我。故稱第八識曰執藏，具云我愛執藏。謂此識常被第七識執之爲我，而起我癡，我見，我慢，我愛；如守倉人執守倉穀不失。我癡者，無明也。愚於我相，迷無我理。我見者，我執也。於非我法，妄計爲我。我慢者，倨傲也。恃所執我，令心高舉。我愛者，我貪也。於所執我，深生耽着。有此三義，故名此識爲阿賴耶識。

種子熏習，應更分別。如前所述，種子者，第八識中，能正爲因親生自果之功能。色心萬差諸顯現法，皆從彼開發生起。熏習者，謂能熏法與所熏法和合，令種子生長於所熏處中。能熏者，七轉識。所熏者，第八識也。

（一）種子法之六義　種子雖爲生起一切萬法之原因，然非凡原因皆是種子。具足六義，方得名爲種子。六義者，一刹那滅，二果俱有，三恆隨轉，四性決定，五待衆緣，六引自果。一刹那滅者，謂種子法要刹那刹那生滅變化。以有生滅變化故，於轉變位，有取果與果（疏抄云，爲因生現名取，酬因名與。倶舍云，能爲彼（果）種，故名取果。正與彼力故名與果。）之作用；故能爲原因，生結果。其體常住不生不滅之無爲法，以一切時其性如本無差別故，無取與之作用。故不能爲原因，生他一切萬法。如攝大乘論世親釋云刹那滅者，謂二種子，皆生無間定滅壞故。

二果倶有者，謂爲生起一切萬法之原因者，又要望所生結果，能生所生，倶時現有，和合相應。即從種子生現行諸法時，能生之種子，與所生現行果法，同刹那有，和合不離。如攝論世親釋云，言倶有者，謂非過去，亦非未來，亦非相離，得爲種子。何以故？若於此時種子有，即於爾時果生故。但此就種子生現行言之，若就種子自類相生，彼望所生果，非倶有。

三恒隨轉者，謂生起萬法之原因，又要長時隨能持之第八識轉起，其性一類相續，無轉易間斷。轉易間斷者，不能執持生果之作用，故不得爲種子。如世親釋云，恒隨轉應知者，謂阿賴耶識乃至治生。此顯種子自類相生，即顯前種生後之義。

四性決定者，謂種子又要其善惡等性決定，即隨前熏時現行因力，生善惡等現行之功能決定。善種決定起善現行，惡種決定起惡現行。即原因善時，結果決定善。原因惡時，結果亦決定惡。原因結果，其性決定，非雜亂生。如世親釋云，言決定者，謂此種子各別決定。不從一切，一切得生。從此物種，還生此物。

五待衆緣者，謂種子又要待自衆多之助緣和合，始能生結果。非一因獨立，不待衆緣，能生結果。如世親釋云，待衆緣者，謂此種子，待自衆緣方能生果。非一切時，能生一切。若於是處是時，遇自衆緣。即於此處此時，自果得生。

六引自果者，謂種子又要於別別色心等果各各引生（各各引生自果）。即善性色之種子，但引善性色之結果。善性心之種子，但引善性心之結果，非善性色之原因，引善性心之結果；善性心之原因，引善性色之結果。如世親釋云，唯能引自果者，謂自種子，但引自果。如阿賴耶識種子，唯能引生阿賴耶識。

如是爲一切萬法原因之種子，必具六義。但非說念念皆具，約多念說。如唯識述記云，種子具斯六義，非說念念皆具六義。是曰多念容有。唯第八本識中生果之功能，具斯六義，故皆名種。外穀麥等種，皆現行法，假立種名，非實種子。然依攝論世親釋，不唯第八識中種子，穀麥等外種，亦具六義。而依唯識論，唯內種即第八識中種子具六義，外種不具。內種外種，有單變重變之不同。內種者，第八識所變。而外種者，更以內種爲彼因緣所生。故內種爲單變，外種爲重變。如述記云，內種識變已，復生麥等。麥等復識變，以重變故，故非種子。

（二）種子之起因　關於種子之起因，有三種異說，一本有說，二新熏說，三新舊合生說。一本有說者，護月論師等所唱。此師謂一切有漏無漏種子，皆是無始法爾而有，即皆本性有。非是本無，今從現行之熏習新生。由熏習力，但可增長。

二新熏說者，難陀論師所唱。此師謂一切有漏無漏種子，法爾皆從現行之熏習新生。種子又名習氣，習氣必由熏習而有。如胡麻中所有香氣，華熏故生。所熏種子，能熏現行，俱無始有，故諸種子無始成就，無不從熏生之本有種子。

三新舊合生說者，護法論師所唱。此師謂有漏無漏種子，各有二類。一者本有，謂無始時來，第八阿賴耶識中，法爾有親生彼彼諸法即一切有漏無漏有爲法之功能。二者始起，又云新熏，無始時來，數數現行熏習，生起種子。即七轉識隨應所熏色心萬差種種習氣，皆悉落在第八識中，更成彼識生果之功能。本有新熏二種子，相待相合，而生現行諸法。但有非新舊合生，唯從本有種子生者；如無始以來，初現起之無漏智是也。

（三）種子之分類　如前所述，種子有有漏色心種子無漏色心種子二種。有漏色心種子，復有二種，一名言種子，二業種子。一名言種子者，攀緣名言所熏種子，能引生一切諸法自果之各別親因緣也。此復有二，一表義名言，二顯境名言。表義名言者，能詮表義理之名句文。顯境名言者，能了別境界之心心所。以心心所之了別境界，恰如名句文之詮表義理，故名爲顯境名言。前表義名言者，約法即名句文云名言。此顯境名言者，約喻云名言。又前就所緣名，其能緣，第六識也。此就能緣名，通七轉識。如能緣心攀緣所緣境時，或自發言語，詮表色心諸法體，於心前變現彼諸法之相分，熏習其種子。或因他人之言語，變現其言語所詮表諸法之相分，熏習其種子。其所熏習之種子，名表義名言種子。復次，不因自他之言語，一切心心所了別境界時，於心前變現彼諸境之相分，熏彼種子，名顯境名言種子。即第六識，攀緣名句文，熏種子；七轉識，攀緣各自境界，熏種子；其種子皆由名言所熏，故云名言種子。凡種子不外由此二種能熏所成，故名言種子名，該攝一切法之種子。

二業種子者，由善惡業所熏種子，助他無記名言種令生果之增上緣也。有漏善業，能引人天可愛果報。又諸不善，能引三惡趣非可愛果。而發此善惡業，對異熟果爲增上緣者，六識也。然前五識稱隨轉發業，隨第六識而發；正能發業者，第六意識也。

無記名言種，其性劣弱，無自生現果之力用。必假業種之助緣，始能生自現果。善惡業種，其性强勝，不唯能生自果，又能助他無記種令生果。其生自類果之方面，即善惡種，對善惡現行；仍名名言種子。其助他無記種令生果之方面，即善惡種，對無記名言種；名業種子。故非離名言種子，別有業種子體；只就善惡名言種之特殊作用立之。

（四）種子之所依處　如前所述，種子有有漏無漏二種。關於有漏種子之所依處，有諸說。如護月論師云以第八識之見分爲所依處。護法論師不然，云依第八識之自體分，以自體分即是所受熏處故。若就四分，更論別攝，即是第八識之相分所攝，非餘三分。何則？種子者，謂第八識中生果之功能。此功能，第八識之見分，恒取爲對境，故是相分。如唯識論云，種子雖依第八識體，而是此識相分非餘，見分恒取此爲境故。述記釋種子雖依於第八識體，而是第八識之相分云，此種雖依實異熟識體，即是依於自體分也。（中略）此論依附，即依自體。若據別攝，即相分攝，非見等攝。即是見分緣自證分差別功能以爲相分，非是緣於自證分體。又釋見分恒取此爲境云，見分恒緣，故是相分。即是識體功能義分，故成相分。

無漏種子，雖與有漏種子，同以第八識之自體分爲依附處。然識自體分，其體性無記，性類有漏。無漏種子，論其體性則善也，論性類則無漏也。性相乖故，非自體分攝。

如述記云，此無漏種，非異熟識性所攝故，故非無記體性，不順本識體故。體既不同，不可相即。又性類別，能治所治，漏無漏殊，不可相即。既非自體分攝，故非自體轉變爲相分。如唯識論云，諸種子者，謂異熟識所持一切有漏法種。此識性攝，故是所緣。無漏法種，雖依附此識，而非此性攝，故非所緣。述記釋無漏法種，非第八識之所緣即四分中之相分云；對治識故，體性異故，不相順故，故非所緣。四分之中，依自體分，非即是識自體分故，性相乖故。無漏種子，雖非第八識之相分，而不離識；如眞如性，雖非第八識所變，而不離識；故不違唯識無境理。如唯識論又云，雖非所緣，而不相離。如眞如性，不違唯識。述記釋之云，由不離識，故言唯識。此意即是非離識外別有實物，故名唯識。如眞如性，識雖不變，離識外無，故名唯識。要之，無漏種子，唯依附第八識之自體，無體用因果之關係。然以不離第八識故，不違唯識義。

（五）熏習之意義　如前所述熏習者，謂由七轉識之擊發，令種子生長於第八識中。唯第八識具四義，可是所熏。四義者，一堅住性，二無記性，三可熏性，四與能熏共和合性。

一堅住性者，堅者，一類之意。住者，相續之意。若法，前後始終無變動，一類相續不斷，乃可受熏。如轉識等，常有轉易，不能持種子不失，故非所熏。第八識從無始之始，至佛果，恒一類相續，故能爲種子之所熏所依處。

二無記性者，若法，不唯具堅住性，又具無記性，即中容之性質，於善惡習氣，皆無所違拒，乃可受熏。善不善法，勢力强盛，無所容納；恰如沈麝等，及如蒜薤等，不受他香臭熏；故非所熏。第八識無覆無記，無所違拒，故能爲所熏。餘轉識等，非唯無記，不能容受一切法熏，以性相違不容受故。由此佛果之善淨第八識，唯帶持舊種，不納受新熏習，以唯善故。

三可熏性者，若法，不唯具前二性，又具可熏性，即其體有自在之勢力，不依他而生起；其性非堅密有虛疎乃可受熏。第八識相應偏行五心所，體非自在，依他生起；無爲法其性堅密，而常住不變，如堅石等；故非所熏。第八識無覆無記，其體虛疎，故能爲所熏。

四與能熏共和合性者，若法，不唯具前三性，又具與能熏共和合性，即與能熏諸現行法，同一時，同一處所，不即不離，和合一致，乃可受熏。他身及自身他刹那之第八識，無與能熏共和合義，故非所熏。同身同刹那之第八識，與能熏共和合，故能爲所熏。

如是，具上四義者，唯因位同身同刹那之第八識。故一切法中，受前七識諸法之熏，持前七識諸法之種者，唯此第八心王，非心所及七轉諸識等。

復次，非七轉識皆有能熏成種子之力用，凡向第八識熏種子，對於種子爲原因者，必具四義。四義者，一有生滅，二有勝用，三有增減，四與所熏和合而轉。一有生滅者，凡爲能熏者，必爲有生滅變化之有爲法。以有作用，方能熏習種子；作用必從生滅變化生故。猶如種子，有生滅用，故能生果。彼常住不變之無爲法，無作用故，不能爲能熏。

二有勝用者，雖有生滅變化，非悉有能熏義。唯二種勢用增盛者，能熏種子。二種勢用者，一能緣之勢用，即心心所法。二強盛之勢用，謂善染汚等性。即具此二勢用者，色心二法中，唯心法；心法中，唯具善染污等性者，方能熏習。異熟無記之心心所，任運起，勢力羸劣，故非能熏。

三有增減者，有勝勢用，且有增減消長者，方能熏習。如佛果圓滿善法，前後無增減消長之變動，故無能熏之作用，是曰佛無熏習。

四與所熏和合而轉者，具前三義，又與所熏識體，同時同處，能熏所熏，互和合相應，方能熏習。他身及自身他刹那之七轉識，無與所熏和合而轉義，故非能熏。

如是，具上四義，有能熏之力用者；一切法中，唯因位同身同刹那之七轉識。但除劣無記之前六識。

（六）熏習之相狀　現行熏種子之作用，不待言，諸識諸心所，各別熏自己之種子，不熏別類種子。如善心心所，熏善心心所之種子。不善有覆無記漏無漏等心心所亦然，各別熏自己之種子。心心所之作用，有能緣所緣；故熏種子，亦能緣用，熏能緣種子；所緣用熏所緣種子。前者名見分熏，後者名相分熏。即七轉識緣各自對境時，其自證分，先起動能熏之作用，資助能緣見分（與能緣見分力），令熏習能緣種子於第八識中。又見分資助所緣相分，令熏習所緣種子。所謂自證分資助見分，謂自證分起外緣作用（見分），始熏習能緣種子。所謂見分資助相分，謂所緣法必待能緣，始熏習其種子。能緣種子，即見分自證分證自證分之種子。所緣種子，即相分及本質之種子。熏習能緣種子，曰見分熏。熏習所緣種子，曰相分熏。唯八識自證能受熏，亦唯七識自證能施熏，自證帶相見，即說相見分熏。

四　三能變

識所變相雖無量種，而能變識，類別唯三。一初能變，名異熟識，即第八識。二第二能變，名思量識，即第七識。三第三能變，名了別境識，即前六識。第八識有多名，偏說異熟者，多異熟性故。此識有三位，一我愛執藏現行位，即從凡夫至菩薩十地階位中第七地間。若二乘人至有學（研眞斷惑，名爲學。小乘四果中，第四果無法可學，名爲無學。前三果尙有可學，故名有學。）位。此位之第八識，名阿賴耶識。在此位，第八識，常被第七識愛執爲眞實我法故。二善惡業果位，即從凡夫至菩薩十地最後心間。若二乘，至有餘依位。此位之第八識，名毘播迦識，即異熟識。皆過去善惡業力所招感之總報無記果體故。三相續執持位，即從凡夫至佛果間。此位之第八識，名阿陀那識，即執持識。上自佛果，下至凡夫，第八識中執持萬法之種子令不失故。執持識名，雖通一切。然在因位，即佛以前，執持漏無漏種子。在果位，即至佛果，此識純善無漏，單執持無漏種子。今偏說第八識爲異熟識者，就善惡業果位。

第七識名思量識者，恒審思量之作用，獨在第七識故。第八識雖無始時來恒起，無分別而非審思量。第六識雖通三世審思一切諸法，有間斷而非恒常。眼等五識，時間斷，而非恒起；無計度而非審思。唯此七識，旣恒且審，思量獨勝，是故特名爲末那識。

前六識名了別境識者，眼識依眼根，了別色境；耳識依耳根，了別聲境；乃至第六識以第七識爲所依根，了別一切諸法。故總了別麤顯境之前六識爲一種，稱了別境識。

第三節　諸識之性質

諸識之性質，有善不善無記三種。善者，自性淨善，於此世他世，能爲順益。謂一一法要令此他二世順益，方名爲善。在有漏善，前世順益，後世亦順益；或今世順益，後世亦順益；俱得樂果。在無漏善，此世他世，違越生死，有得有證，及由涅槃獲二世益。不善者，自性垢穢，能爲此他二世違損。無記者，自性中容，於善不善損益義中，不可記別。此復有有覆無覆二種。覆者，覆障又覆蔽義。能障聖道，又能蔽心令不淸淨，故名有覆。其性雖染汚，不能引非可愛果，故不名惡。性非善惡，亦非染汚，不障聖道，亦不蔽心，名無覆無記。

前六識通三性，卽與信等十一相應，善性攝。與無慚等十相應，不善性攝。俱不相應，無記性攝。第七識常與我癡我見我慢我愛相應，此四煩惱，是染汚法，障礙聖道，隱蔽自心，有覆無記攝。第八識是眞異熟總報果性，非染非善惡，故唯是無覆無記。

第四節　諸識之作用

一　心作用之四分

識自體之作用有四，一相分，二見分，三自證分，四證自證分，是曰四分。一相分者，相者，相狀之意，境體之相狀也。能緣心心所，識知了別所緣境，非直接識別對境之本體，不過於心內變現其影像而識別之。如色聲香味觸五境，雖皆阿賴耶識所變之境界。然今五識緣五境，非直接緣賴耶所變。但以彼賴耶所變爲疏緣，於自識內，更變現似彼之相狀卽影像，方親緣之。卽諸識中，在第八識，直接緣實境爲自己之相分。在七轉識，必變現其影像而緣之。如前所述，此影像名相分，其實境名本質。如眼識緣色境，眼識所現之影像外，別有從阿賴耶識之種子生之實質色法，爲其影像之所托，是曰本質。

二見分者，見者，見照之意。謂對前所變相分，正識知了別之能緣作用。如眼了別色，耳了別聲，鼻了別香。心性明了，能照見前境，曰見照。

三自證分者，證者，證知之意。見分之體用非他，故名自。此第三分，證知彼見分之作用，故名自證分。謂自知見色聞聲等之作用。卽自者，前見分，此保證見分所旣慮知之作用。見分雖知相分，不能自知見分，故別有知見分之作用，名之曰自證分。

四證自證分者，自證指前自證分。更證知自證分之作用，名證自證分。卽從自證分，更起能緣之作用，返照前自證分，而證知此證自證分者，自證分也。

四分雖皆識體之作用，然其中以自證分爲主，故又名之曰自體分。相分，如以鏡面照物形，其影像映現於鏡面。見分，如鏡面所具光明。自證分，如鏡面。證自證分，如鏡背。八識心王五十一心所皆具此四分。如眼識起而緣青黃等色時，其色映現於眼識前，名相分。其色之本質，則第八識之相分也。眼識之能見作用，見分也。起此所見色之相狀，與能見見分之作用者，眼識體也。體是自證分也。心所亦如是。耳識聞聲，鼻識嗅香，乃至意識思惟分別一切法時，心王心所之作用，亦如是。乃至末那識緣第八識之見分，阿賴耶識緣種子根身器界，亦皆如是。但緣境相，前六識易知，七八二識，其相難知。分者，分限差別之義。心作用之分限，有四種差別，故名四分。

二　能緣之三量三分別

諸識之緣境作用，有現比非三量，及自性隨念計度三分別。三量中，一現量者，能量所量皆現在前。識於境界，親證無謬。得其實相，眞實不虛。謂能緣心直逼附現前明了之所緣境體，不加名言種類等分別，如境相量知。如前五識緣五境，現量緣也。眼識緣色境，如境相量知，不作異解。對之加以此爲赤色爲黃色，此赤色爲朱爲丹，此黃色爲橙黃等分別者；同時俱起或後念意識之作用。耳識之於聲境，鼻識之於香境，亦皆如是，如境相量知，不加分別。能緣行相，不動不搖。因循照境，不籌不度。離分別心，照符前境，明局自體，故名現量。

二比量者，所觀事理，皆不現前。而由餘顯現法，比知是有，方便不謬，契合事理。謂於不現在前之境界，以分別心，比類已見聞覺知之境界，推度而量知之。如見某處有煙，了知彼處有火。推度而知，解義無謬，故名比量。

三非量者，謂凡不契事實之了別。迷亂心，於現在前不現在前境，錯亂分別，取不實事，總名非量。即似現量而非現量似比量而非比量之槪稱。如見麻繩，執以爲蛇；見於旋火，執以爲輪，名似現量。又如認霧爲煙，妄謂有火；名似比量。是等有誤謬之現量及比量，總攝於非量。

八識中前五識與第八識，唯有現量一，無比非二量。第六識具現比非三量。第七識唯有非量。

三分別中，一自性分別者，謂於現在境，不用比知推測等，如其自相，任運起分別。二隨念分別者，謂於過去境，追想憶念而起分別。三計度分別者，謂於過去未來現在不現見境，思搆量度而起分別。

八識中，前五識與第八識，唯有自性分別一，無隨念計度二分別。第六識，廣通三分別。第七識，具自性計度（現在）二，無隨念分別。

三　所緣之三類境

識所緣境，有種種差別，區分爲三類境。一性境，二獨影境，三帶質境。一性境者，謂具有眞實體性之境界。性者，實也。謂此境體，實有不虛。卽從實種子生起，有實體實用，自維持實性，不隨能緣心。而能緣心對之，不起名言，無籌度心，唯眞實稱彼境之自相，實證無謬。如五識及五同緣意識之見分所緣五境，又阿賴耶識之見分所緣三種境等相分，是也。

二獨影境者，謂但由能緣心（第六識）獨變影像，無別本質之境界。如緣過未不現前境，或雖現在而體不顯現；又如夢中幻出千態萬象。其相非從實種子生之實法，唯能緣之見分，以强分別力，獨變現境相。此境相既無能生之種子，亦無所託之本質，唯由第六意識構畫分別之勢力所構成，故云獨影境。

三帶質境者，謂能緣心緣所緣境，有所託之本質而不契其自相之境界。帶者，挾帶義，又相似義。謂心心所緣境界時，於本質境起別異解。依於本質，另起相分，爲識親境。此識親境，必依質生，似彼一分，而體相違。如第七識以第八識之見分爲本質，起我法之相分。所緣本質非我法，然以無轉易無間斷，一類相續；無明相應之第七識，對之誤生起我法之相分。確有所託之本質，非全由能緣心之分別生，故不同獨影境。然彼所託之本質，雖爲有實體之性境。而所起之相分，與彼境之自相卽本質之眞相相違，故不同性境。乃由見分之妄情與本質之性境二者間，所現一種似是而非之相分，故名帶質境。此外第六識對所緣本質，起非量之相分。如人夜見杌，執以爲鬼。鬼境隨心所生，而必仗杌爲本質。杌實非鬼，而執杌是鬼，與質相違，是亦帶質境也。

第五節　萬法唯識

八識皆能變識，然獨就第八識稱阿賴耶緣起。如攝大乘論云，（上略）此中依止阿賴耶識，諸法生起，是名分別自性緣起。八識中，顯色形色等色境者，眼識所變現。內聲外聲等聲境者，耳識所變現。乃至第七識恒以第八識爲對境，而變現實我實法。故宇宙萬有，自日月星辰山川草木至色聲香味觸等，內界外界，物質非物質；無一非唯識所變；非離心識，別有實體。雖然，此但就彼影現於心內之物像言，非心外之日月星辰山川草木乃至色聲香味觸等實法。故眼等前七識，唯對於彼影現於心內之物像，得稱能變。若就心外之實法，並心識其物之自體，更溯緣起之根本；不可不指第八阿賴耶識為宇宙萬有之能緣起心。如前所述，此第八識自體中，攝藏一切色心諸法之種子。從此種子，生起色心諸法。而其所生起之諸法，對種子名現行法。故八識心王，雖通稱能變識，然此對第八識與前七識，則第八識者，能緣起中之能緣起。而前七識者，從第八識中攝藏之種子顯現行起之所緣起法，卽不過所緣起中之能緣起。何則？攝藏一切萬有所由生之原因者，唯第八識；前七識，從此第八識中攝藏之原因生故。以是雖八識通稱能緣起，而於此能緣起中，更分別孰為能生，孰為所生；則第八識者，能緣起；而前七識者，所緣起也。

復次，諸八識之轉變，有因變果變，卽因能變果能變二種。因能變者，種子是因，八識種子，於第八阿賴耶識中，轉變生自類種子，念念相續，前因後果。又八識種子，轉變生八識現行。名因能變。卽因能變者，能轉變現行諸法，及自類種子；之第八所持種子也。此種子復有等流習氣異熟習氣二類。等流習氣，卽前名言種子，漏無漏三性七識之作用所熏種子，能生八識三性諸法之親因緣也。等流者，所生果名。等者，相似義，謂因（種子）。流者，流類義，謂果。即此種子與果性同，相似名等。果是彼類，名之爲流。即似自因之流類（果）。從似果之善惡無記三性因，現行之善惡無記三性各各自類果；故名等流。等流習氣者，能生因名，謂現行所熏習之氣分。諸法顯現行起時，其習氣落在第八識中，更成後時生現行之作用，即種子之異名。云種子者，望所生現行立名。云習氣者，對能熏現行立名。是等流（果）之習氣（因），名等流習氣。能引生有爲三性諸法各自果，即等流果；之能生種子也。望所生果爲親因緣，親辦生自體之眞原因也。能熏習此習氣者，七轉識，通漏無漏三性。

異熟習氣，即前業種子，有漏善不善六識所熏種子，能引異熟果之增上緣也。異熟者，所謂因是善惡果是無記；由善惡因所引生之總別二報無記果也。習氣者，如前所述，熏習之氣分。異熟（果）之習氣（因），故名異熟習氣。助第八識及前六識一分（異熟）三界異熟種子，令生果之善惡業種子也。對異熟果，爲增上緣，即助緣也。

能熏習此習氣者，前六識，局於有漏善惡。

此等流異熟二種習氣，名因能變。因者，所由義。等流異熟二種習氣者，等流異熟二果生起之所由，故名因。此因能轉變生現行及種子，故因即能變，名因能變。而其所變，在等流，同時八識三性諸法之現行，及後時自類種子也。在異熟，第八識及六識中異熟無記現行法也。

果能變者，八識從種子顯現行起，對種子是果。從種子現行之八識，各從自體分，變現見相二分，名果能變。即果能變者，能變現生見相二分之諸八識自體分也。諸識之自體分者，前等流異熟二因所生現果，故名果。此果能變現生見相分故，果即能變，名果能變。其所變，即見相二分。

要之，因能變之要義，爲從第八識中攝藏之種子，變生諸法。而果能變者，從種子生起之諸八識，不起作用則已，苟起作用，必於自識內變現種種影像，爲其對境。前者轉變而生，亦稱生變。後者變現而緣，亦稱緣變。此因果二變中，第八識具因果二能變義，前七識唯有果能變一。故八識通稱能變者，果能變義，非因能變。若論諸法生起之本源，則唯第八阿賴耶識。餘色心諸法，皆從此阿賴耶識之自體中顯現。此所以八識通稱能變，而獨就第八識稱阿賴耶緣起也。

前七識之現行，向第八識熏種子；及前所述前念種子，生後念種子；亦得名因能變。然是剋實義，據勝爲論，則種子生現行，名因能變。

復次，雖云一切萬法，皆第八阿賴耶識所變，然非云宇宙間爲一切萬法所由生之原因者，唯一阿賴耶識。即非云遍一切有情，唯有一阿賴耶；從此一阿賴耶，生一切萬法。唯說一切有情，從無始來，各有一阿賴耶。而一切萬法者，各自阿賴耶所變。

如前所述，第八識所持種子，有有漏無漏色心等別。心法一向不共，色法種總有二種，一共相，二不共相。共相者，多人可共受用之境界。依相似義，謂言共用；實非他用自變，自用他變。但自他所變，互爲增上緣，令多人又自己可共受用。即以他所變爲增上緣，用自所變。於自所變，親緣親用；於他所變，疏緣疏用。不共相者，唯自能用他不得用之境界。如日月星辰山川草木等，從共相種子變現。又有情之五根，從不共相種子變現。如攝大乘論云，共相者，謂器世間種子。不共相者，謂各別內處種子。

變現共不共之境界，固由有共不共相種子；然無善惡業種之助緣，不能生現行果。且如前述，人趣有情現棲息之世界，即日月星辰山川草木等外法者，皆人趣所感得之依報。又五根等內法者，其所感得之正報。此中依報，即共相境；正報，即不共相境。而感得依正二報，固由第八識中有能生其物之原因，卽共不共相種。然令共不共相種生現行果者，由在過去前世所作善惡業力。卽在過去世造善惡業故，同時熏習善惡業種於第八識中。其所熏習之種子，刺擊資助親生此世共不共相境之種子故，於是感得共不共之現行果。如前所述，業復有二若業種之力用，能令諸山川草木器世間千差萬別，謂之共業。又若業力，能令有情世間有人天鬼畜等差別，謂之不共業。何則？器世間，由衆多有情之共業生；有情世間，由各自之業因受生故。共不共業種，指業種子。共不共相種，指名言種子。又如前述，名言種子者，生法之親因緣，業種子是疏因緣。疏因緣者，與力不障之增上緣。由共業種爲增上緣，能令共相親因緣種子，生現行果；卽山川草木等。不共業種爲疏緣，能令不共相之名言種，生現行果；卽五根等。

共相種，由共業種之助緣，現共相境；稱隨量大小，頓現一相。隨量頓現者，俱舍等小乘家謂極微積集成大小萬差之事物。唯識家不許積小成大析大成小；謂隨其分量，從識頓現。且如人趣，從前世轉生此世之最初卽託胎時，第八識中共相種，由共業種之助緣，一時頓現。不共相種，由不共業種之助緣，現不共相境，有前後次第。如總報，於由前世之業力感此世生，同時受得。而別報，則有前後之不同。

依上所述，色法中日月星辰山川草木等共相境，又有根身等不共相境者；第八識中共不共相種，由共不共業種之助緣所現。而如心法，固第八識中不共相種所現；然其性質通善惡無記三性，故其中善惡心，其力强勝，故不待他力，自能招善惡果。但無記心，必待不共業之助緣。要之，有形之事物，無形之心識，皆從第八識中變現。

又如前述，一切有情，各有一阿賴耶。從此各自阿賴耶，自他各別變現一切萬法。

然諸有情類各自第八本識所變日月星辰山川草木等器界，雖一一各別，而其相相似，同在一處，不相障礙。如一室中有百千燈，別別放光，遍一室內。雖所放光各別，而多光似一，不互相障，共照一室。又所變山河等器界，雖處所無異，而不失一一自別義。如置多燈時，人影亦多，故知隨燈，光亦各別。又一燈去，餘光尚遍。雖一人所變滅，山河尚有。若共爲一，是則應將一燈去已，餘明不遍。故知有情各自所變萬法，涉入無礙，其相似一。雖似一相，而一一各別。

復次，自他有情，各別變現一切萬法；故自身從自第八識，他身從他第八識變現。若就轉識論之，亦得云從自識變現他身。然此就第八識論，義門大異；生變緣變中，約生變義。而所云從自轉識變現他身，約緣變義；故非變現本質之他身，不過變現其影像相分；至其本質，從自他各別之第八識變現，彼此別異。以是唯識論提出唯識所因等九難，而其答第九異境非唯難云，豈唯識教但說一識（中略）。若唯一識，寧有十方凡聖尊卑因果等別，誰爲誰說，何法何求？故唯識言，有深意趣。識言，總顯一切有情，各有八識，六位心所，所變相見，分位差別，及彼空理所顯眞如。識自相故，識相應故，二所變故，三分位故，四實性故。如是諸法，皆不離識，總立識名。唯言，但遮愚凡所執定離諸識實有色等◎即心法者，識自相。心所有法者，識相應。謂此心所，與其心王，常相應故。色法者，識所變。謂此色法，不能自起，要藉前二所變現故。心不相應行法者，識分位。謂此不相應行，不能自起，藉前三位差別假立。無爲法者，識實性。謂此無爲，是前四位眞實之性。如是，一切諸法，皆不離識，故云萬法唯識。

第四章　一心二門說

第一節　總說

一心二門者，大乘起信論，以一心二門三大，成立三界唯心義。依起信論，一切諸法，皆從一如眞心生起顯現。即宇宙間所有萬事萬物，皆從法性眞如海流出；是曰眞如緣起。起信論先以衆生本具之一心，爲大乘教法之主體。謂是心攝有爲無爲世間出世間色心一切諸法，體相無礙，染淨同依；約能持之有情，曰衆生心；約所持之功德，曰如來藏。

更分一心之法體，爲心眞如心生滅二門。謂一如來藏心，含有約體絕相隨緣起滅二義。一約體絕相義，卽眞如門，宇宙萬有之本體也。非染非淨，非生非滅，不動不轉，平等一味。卽如來藏之一心，其體性平等一味，離差別相，眞實如常。二隨緣起滅義，卽生滅門，萬有生滅之現相也。隨熏轉動，成於染淨；染淨雖成，性恆不動。卽如來藏之一心，隨緣起生滅差別相。

復示此心含有體相用三大義理。體者，體性。相者，德相。用者，作用。大者，周遍法界義。體大者，顯一心之本體平等無差別。謂一如眞心之體性，平等一味，橫遍十方，竪通三世，不生不滅，不增不減。相大者，顯一心之性德，差別無量。謂此心體具恆沙無量之性德，眞如卽德，德卽眞如，如水八德，不異於水。用大者，顯一心之業用，廣大無邊。謂此心體自然之大用，隨順衆生之染緣，示現報化二身，起幻化之業用；令諸衆生始成感人天果報之有漏善因果，終成起始覺之無漏善因果。即衆生本具之一心，從本體論，則該攝法界總苞萬有普遍平等之眞如，具足無量本有之功德，能出生一切世間出世間善因果。是心即名如來藏，又稱自性清淨心。

自性清淨之心海，寥廓湛然，絕言象，亡能所。非生非滅，四相（生住異滅）之所不遷。無去無來三世（過現未）莫之能易。但以無明之風忽起，妄染之波頻動。現生住異滅，呈三細六麤。遂迷悟而升沈，分凡聖岐途。任因緣而起滅，生染淨諸法。明其生滅因緣者，心生滅門。顯其本體者，心眞如門也。雖復諸法任染淨之因緣而興起，未始動於眞如。眞如恒靜謐虛凝，未嘗乖於業果之理法。生滅不礙眞如，眞如不礙生滅。故不變眞如性，而諸法緣起，染淨之因果恒殊。不捨離緣起，而諸法即眞如，凡聖迷悟一致。其猶波無異水之動，水無異動之波。如是眞如生滅二門，常不離一如，動靜交徹，眞俗雙融。

第二節　眞如

一　眞如

眞如者，如上所述，橫遍十方，竪通三世，畢竟平等，無生滅變化之眞理。如起信論云，心眞如者，卽是一法界大總相法門體。所謂心性不生不滅。一切諸法，唯依妄念而有差別。若離妄念，則無一切境界之相。是故一切法從本已來，離言說相，離名字相，離心緣相，畢竟平等，無有變易，不可破壞，唯是一心，故名眞如。一法界，卽無二眞心。如理虛融，平等不二，故稱爲一。無漏聖法，依此境生，故云法界。此平等一相之眞如，不生不滅。一切諸法之差別遷流，唯是徧計所執之妄念妄情所作，本來無實，如依病眼所見空華。若離此妄念，卽無一切差別之相，平等一如。平等一如，則無名可附，無語可云，是故一切法皆卽眞如。從本已來，言語道斷，心行處滅。如是，眞如之本體，唯觀智境，離一切言說相，是曰離言眞如。如論又云，以一切言說，假名無實，但隨妄念不可得故。言眞如者，亦無有相。謂言說之極，因言遣言。此眞如體，無有可遣，以一切法悉皆眞故。亦無可立，以一切法皆同如故。當知一切法不可說，不可念，故名爲眞如。眞如，不可說，不可念，但爲欲令衆生生信解故，強依假名之言說，詮顯其德性，是曰依言眞如。此依言眞如，更有如實空如實不空二義。一如實空者，眞如之空性也。眞如體中空無一切妄念染法，猶如虛空，故說爲空。卽以無虛妄分別之心念故，從而無從虛妄之心念生之妄境。以一切妄念妄境皆空無故，能究竟顯示自體之眞實，故云如實空。若離妄心，實無可空。卽以對染無說眞爲空，非無眞如自體。如起信論云，一者如實空，以能究竟顯實故。又云，所言空者，從本已來一切染法不相應故。謂離一切法差別之相，以無虛妄心念故。二如實不空者，一切妄相空，而眞如本來之面目炳現。此眞如有自體，而具足無量無邊淸淨本然之功德，故云如實不空。如起信論云，二者如實不空，以有自體，具足無漏性功德故。又云，所言不空者，已顯法體空無妄故，卽是眞心常恒不變，淨法滿足，則名不空。然此不空者，離念眞智之境界，亦無有相可取，故不空不異空，空亦不異不空。

二　不變隨緣

所謂眞如，依眞如緣起家之解釋，眞者，不變義；如者，順緣義。如探玄記云：不變曰眞，順緣稱如。由前義故，與有爲法非一。由後義故，與有爲法非異。二義同爲一法，名曰眞如。◎又大疏云，不變爲眞，順緣曰如。由不變故，與有爲法有非一義。由順緣故，與有爲法有非異義。◎即依眞如緣起家眞如有二義，一不變義，二隨緣義。不變者，如前所述，橫遍十方，豎通三世，畢竟平等，無生滅變化。隨緣者，雖自性不變，而隨善惡緣，成染淨諸法。如海水因風緣，起於波浪；眞如隨無明緣，起色心諸法；是名隨緣眞如。又如波雖起盡，濕性無變。無變之性，不礙起浪。浪雖萬動，不礙一濕。雖隨緣起色心諸法，而其本體無有變易，是名不變眞如。如是眞如有不變隨緣二義，不乖不變義，而隨緣成諸法。雖成諸法，而其體常恒不變。

即雖云眞如常恒不變，而其不變，非凝然常住不作諸法之謂，乃隨緣成諸法，而恒不失自性。猶如明鏡，現於物像。鏡體明淨，不變不動，故能現於物像。以現於物像，反顯鏡體明淨不動。眞如隨緣生諸法，亦如是。其體不變不動，故能隨緣生諸法。以生諸法，反顯眞如自體清淨，不變不動。如五教章云，猶如明鏡，現於染淨。雖現染淨，而恒不失鏡之明淨。只由不失鏡明淨故，方能現染淨之相。以現染淨，知鏡明淨。以鏡明淨，知現染淨。是故二義唯是一性。雖現淨法，不增鏡明。雖現染法，不汚鏡淨。非直不汚，亦乃由此反顯鏡之明淨。

此不變隨緣二義，由不變理，顯隨緣義。由隨緣義，顯不變理。故此二義者，眞如一體中之義別。互相依相待，始顯眞如之所以爲眞如。眞如不唯有不變義，又有隨緣義，故云一切諸法，皆從眞如緣起。

第三節　無明

如前所述，眞如有不變隨緣二義。其隨緣中，亦有二義。一違自順他義，二違他順自義。隨違自順他義，隱自眞體，顯現妄法。隨違他順自義，翻對妄染，顯自德，內熏無明，起淨用。就違自順他說，如前所述，心眞如者，卽是一法界大總相。以不達一法界故，心不相應，忽然念起，名爲無明。如義記云，以不了眞如平等一義故，心不相應，忽然念動，名爲無明。此顯根本無明，最極微細，未有能所王數差別，卽心之惑，故云不相應，非同心王心所相應也。唯此無明，爲染法之源，最極微細，更無染法，能爲此本，故云忽然念起也。卽所謂無明者，不達一法界平等理之妄念也。於不生不滅平等一相之眞如，起生滅差別之妄見，無照見眞理之明，故名無明。所謂以依眞如法故，有於無明。眞如如虛空之本來無東西平等而離言，常住而絕慮。然如於無涯無際之虛空，起東西南北之妄見。於平等不生滅之眞如，懷差別見，起生滅心。無明與不覺，同體異名。如論又云，謂不如實知眞如法一故，不覺心起，而有其念。又義記云，不相應義者，謂卽心不覺。

第四節　阿梨耶識

依不生不滅平等一相之眞如，起差別之無明妄念。不生滅之眞，與生滅之妄和合，名爲阿梨耶識。阿梨耶者，義記云，阿梨耶及阿賴耶者，但梵言訛也。梁朝眞諦三藏，訓名翻爲無沒識。今時奘法師，就義翻爲藏識。但藏是攝藏義，無沒是不失義，義一名異也。其相極微細不可知，而生滅差別法之本源總體也。如起信論云，依如來藏故，有生滅心。所謂不生不滅，與生滅和合，非一非異，名爲阿梨耶識。如來藏者，如前所述，衆生本具之自性淸淨心也，亦稱不生滅心；卽眞如也。約法體不生不滅，云眞如；約具無量性功德，云如來藏。此如來藏，爲無明妄心所熏，全體起動，成阿梨耶識。如不動之海水，爲風所吹，而作動水。故云不生滅與生滅和合。心之生滅，因無明成。生滅之心，從本覺起。心體與生滅相，雖隨流反流異其用，別其相；而始終無二體，一味和合，不相捨離。不生滅心，舉體動故，心不離生滅相。生滅之相，莫非眞故，生滅不離於心相。如是不離，名爲和合。以和合故，不生滅與生滅，非一非異。非異者，不生滅之眞如，全體起動爲生滅法；故不生滅之眞如外，無生滅法；生滅法外，無不生滅之眞如。非一者，雖起動爲生滅法，而其眞性常恒不變；不生滅與生滅，平等與差別，劃然區別。非異如水波體一，非一如水靜波動。譬如泥團微塵，非異非不異。金莊嚴具，亦復如是。

此阿梨耶識，有二種義，故能攝世出世染淨一切法，又能生一切法。二義者，一覺義，二不覺義。如起信論云，此識有二種義，能攝一切法，生一切法。云何爲二？一者覺義，二者不覺義。覺者，覺照覺明，即覺了眞如自體之智慧，而大智慧光明是也。阿梨耶識，從不生滅之眞如起，其固有之本性，如璞如鏡。淸淨皎潔，有大智慧光明之性德，能照見萬事萬物之眞理，故有覺義。如起信論云，所言覺義者，謂心體離念。離念相者，等虛空界，無所不徧，法界一相。義記釋之云，言離念者，離於妄念，顯無不覺也。等虛空等者，非唯無不覺之闇，乃有大智慧光明義等故也◎不覺者，不覺了眞如體之無明也。阿梨耶識，是不生滅心與生滅合，如璞被塵，如鏡帶垢，無照見眞理之明，故有不覺義。如前引論云，所言不覺義者，謂不如實知眞如法一故，不覺心起，而有其念◎不如實知眞如法一者，不如實了知眞如一法界平等一味也。即覺者，離生滅心中一切妄念之眞如也。於心眞如門，呼之爲眞如；於心生滅門，稱之爲本覺。不覺者，無明也。此不覺從細轉麤，現出一切世間妄染之境界。

不覺有根本枝末二種。根本不覺者，無明體，迷眞之無明也；如迷正方。枝末不覺者，無明相，執妄之無明也；如迷邪方。由根本不覺，成阿梨耶識之迷心，漸次立主客之別，起彼此之見，種種妄執，從而生起，起煩惱，造業，招苦樂果，生死輪轉無窮，名之曰枝末不覺。起信論更分枝末不覺爲九相，或分爲五意並一意識，或分爲六染，或概括之爲生住異滅四相。九相中，前三相，微細不可知，故名三細。後六相麤顯可知，故名六麤。初由根本無明迷眞如之一味爲因，生三細。三細者，一無明業相，亦稱業相。業者，動作義，謂依不覺無明，一如之眞心初動作之相狀。原夫心性離念，無生無滅。而有無明，動彼靜心，成於起滅。雖有起滅，而極微細；緣起一相，能所不分。本覺眞如，其猶淨眼。熱翳之氣，如根本無明。翳與眼合，動彼淨眼，業識亦爾。凡有原因，必有結果；既有動因，則有生死苦果。初動者，對於苦果之原因，故業又有爲因義。二能見相，亦稱見相，又名轉相。謂依前業識之動，轉成能見之相。即妄心既起，生能見照萬有之作用。由淨眼動，故有病眼起。能見相亦爾。三境界相，亦稱現相。謂依前轉識之見，起此能現之功。即應能見之作用，妄現種種無邊所見之境界。有能見必有所見，以有病眼向外觀故，即有空華妄境界現。以上三細，業相譬如鏡面，見相如鏡面照物，現相如由能照映現萬象。此三相中，動作就體，能見所見就用，體用不離，一時具三相。

既由根本無明，生業轉現三細。更以現相之境界爲緣，生六麤。六麤者，一智相，智者分別，謂於前現識所現之境界，不了是自心所現，執爲心外實法，始起慧數，（即別境心所中慧）分別染淨善惡是非愛憎等。二相續相，謂依前智相所起善惡愛憎等分別，對愛境起樂受，對不愛境起苦受，愛憎之念，苦樂之情相應，數數起念相續現前。三執取相，謂依前妄分別之相續，於苦樂等境，不了虛無，固執苦樂益堅，深起取著。四計名字相，謂至前倒想固執不解時，更於其上，立怨親善惡美醜是非等種種假名言相，生諸妄想分別。五起業相，謂依於名字，尋苦樂怨親愛憎等名，取著轉深，起貪瞋等諸種煩惱，發動身口，造善惡諸業。六業繫苦相，謂既造業成因，定招苦果，循環諸道，生死長縛。此六相中，前四相者，惑因。第五相者，業緣。第六相者，苦果也。

以上三細六麤九相，統攝一切染法。然此染法，皆因根本無明不了平等一味之眞心而起；故結末歸本，唯一根本無明。如論云，當知無明能生一切染法。又義記云，三界四相，唯一夢心，皆因根本無明之力。以染法雖多，皆是無明之氣，悉不覺之差別相故，不異不覺。故論又云，以一切染法皆是不覺相故。

復次，從不生滅之眞心，起生滅心之因緣；卽起動不生滅心成阿梨耶識，生一切諸法之因緣；有二重。一眞妄因緣，如前所述，眞如有不變隨緣二義。隨緣眞如，卽梨耶心體，是生滅因。動彼心體，令其起滅之根本無明，是生滅緣。此因緣和合，不生滅，轉成阿梨耶識。二妄因緣，根本無明者，一切染法之根本，是生滅因。色聲香味觸等妄境界，動起妄念之波浪，是生滅緣。此因緣和合，從阿梨耶識，生一切諸法。

要之，衆生依心體起五意並一意識。不生滅之眞如，由無明之熏力，舉體起動；是爲業識。卽彼眞心起動，轉成能見；是爲轉識。卽彼心體，復成能現；猶如明鏡，現於色像；是爲現識。不了境界是現識所現之幻影，起染淨微細分別，是爲智識。於所取境，起諸麤念，是相續識。故欲色無色三界，窮其因緣，不外妄心所現之幻影。離彼現識，則六塵境界無體可得。故起信論云，三界虛僞，唯心所作，離心則無六塵境界。又云，一切法如鏡中像，無體可得，唯心虛妄。以心生則種種法生，心滅則種種法滅故。依止前相續識，取著轉深，於身計我，於塵計所，種種妄執，隨事攀緣，分別六塵，名爲意識。此識依於六根，別取六塵，亦名分離識。又能分別去來內外種種事相，故復說爲分別事識。此識依見愛煩惱增長。

覺亦有本覺始覺二種。本覺者，衆生之心體，本來離妄想，靈明虛廓，等虛空界，無所不徧，卽是如來之平等法身，依此法身，說名本覺。卽一切衆生固有之自性淸淨心，本來具照明之性德，在纏名之爲本覺，出纏名之爲法身。始覺者，衆生本覺之心源，由無明之熏動，而有不覺，多刼在迷。本覺內熏，教法外熏。卽眞如者，衆生本具之自性淸淨心也，諸佛之法身也。此法身在內熏妄心。又佛報化二身，垂教化，從外熏之。依此漸有微覺，厭迷求悟，乃至究竟，還契心源，融同一體，名爲始覺。

第五節　熏習

熏習者，熏者擊發義，習者數數義。如世間衣服，實無於香；若人以香熏習，則有香氣。熏習有二門四種。二門者，眞如無垢清淨，但爲無明所熏習，故有染相。無明染汚，但爲眞如所熏習故起淨用。如義記云，以不覺熏本覺故，生諸染法，流轉生死。以本覺熏不覺故，生諸淨法，反流出纏，成於始覺。從淨生染曰流轉門。從染入淨曰還滅門。四種者，一淨法，卽眞如。二一切染因，卽無明。三妄心，卽業識。四妄境界，卽六塵。初一淨法，後三皆是染法。

　　染法熏習，以無明爲發端。無明者，能熏。眞如，所熏也。眞如者，自性清淨法，常恒不變之實體也，實無於染。但以有無明染法因故，卽熏習眞如。以清淨之眞如，受其熏習而起動故，則有業識妄心；是曰無明熏習。此業識妄心，還熏習無明，無明益增長，愈不了知眞如，生轉識及現識，現妄境界。由第一生之妄心，於此爲能熏。無明反之，爲所熏；是曰妄心熏習。以有妄境界染法緣故，還熏習業識妄心，令其念著。卽第一第二之結果所生之妄境界，爲能熏，妄心爲所熏。於是妄心益增長，起智相相續相之法執，及執取相計名字相之我執。依此惑生起業相，造種種業。依業現業繫苦相，受於一切身心苦報；是曰妄境界熏習。依已上三熏習義，染法相續。

此三種熏習更各有二種。無明熏習二種者，一根本熏習，謂根本無明，熏習眞如，成業轉現三識。二所起見愛熏習，謂枝末無明，於境不了虛無，執爲實有，熏習梨耶心體，成分別事識。見愛煩惱，卽枝末無明也。根本云能起，枝末云所起。妄心熏習二種者，一業識根本熏習，謂業識妄心，還熏習根本無明，增其不了；於無相理，妄生有相，遂成轉相現相等。二增長分別事識熏習，謂智識相續識，更熏習枝末無明，起執取相計名字相之見愛煩惱，造業，受業繫苦。妄境界熏習二種者，一增長念熏習，謂由境界力，增長事識中智相相續相之妄念。二增長取熏習，謂由境界力，增長事識中執取相計名字相之取著。（謂人我見愛煩惱）。

淨法熏習，以眞如爲發端。眞如者，能熏；無明，所熏也。以衆生具眞如法故，能熏習無明。以熏習之因緣力故，令妄心厭生死苦，樂求涅槃；是曰眞如熏習。以此妄心，有厭生死求涅槃之因緣故，還熏習眞如，自信己性，知心妄動，無前境界，修遠離法，種種方便，起隨順行。乃至久遠熏習力故，根本無明則滅。以無明滅故，妄心無有起。以妄心無起故，妄境界隨滅。以無明因妄境界緣俱滅故，心相皆空，得不生滅之涅槃，起不思議業用。以此熏習，淨法不斷。

眞如熏習，更分爲自體相熏習用熏習二種。自體相熏習者，衆生之心體，從無始世來，具無漏法（不空本覺名無漏法）；此法備有在內冥熏衆生妄心之不思議業，非直熏彼妄心，令其厭求，成能觀智；亦乃與其觀智，作所觀境界。能觀心，當體大；所觀境，當相大。以此心境二法恒常熏習故，令衆生起厭求之心，自信己身，有眞如法，發心修行。用熏習者，卽是衆生外緣之力。雖本覺內熏，若不遇諸佛菩薩等外緣，亦不能進趣向涅槃道；因緣具足，乃得成辦。此用熏習者，謂眞如之用大；卽眞如之體相所具之業用，現諸佛菩薩等，教化衆生。

第五章　法界圓融說

第一節　總說

法界圓融者，法界諸法，交徹融攝。華嚴天台兩家之教理，皆明法界圓融義。弘法大師，以華嚴教理建立密宗。然華嚴說果地之融通，謂法界森羅諸法，悉是毘盧舍那如來果滿之本性所起；事事相卽，一多相入，主伴圓融，重重無盡。天台說因心之本具，謂在迷因位之凡心，本來法爾圓具森羅色心諸法。玆分別述之。

第二節　華嚴家之無盡緣起說

一　無障礙法界

華嚴家之根本教理，爲圓融法界無盡緣起。所謂性海圓融，緣起無礙；是也。性海卽一眞法界，其體絕待曰一，不妄曰眞，交徹融攝（融攝一切萬法），故曰法界。從本以來，不生不滅，非空非有，離名離相，無內無外，惟一眞實，不可思議；是名一眞法界。卽該羅一切迷悟染淨情非情諸法之一心，所謂總該萬有心是也。圓融者，謂一眞法界，圓具無盡法性；而無盡法性，在於一眞法界中，亦彼此相融而不相違礙。緣起者，法界事法，有爲無爲，色心依正，過去未來，互融通成一大緣起。卽宇宙之森羅萬象，皆互爲因果。故以此一法爲能緣起，卽原因；則他一切萬法悉爲所緣起，卽結果。又以他一切萬法爲原因則此一法爲其結果。自他互爲能緣起所緣起，相資相待，圓融無礙。所謂一卽一切，一切卽一；舉一物，餘物盡收；以一塵爲主，諸法盡伴；相卽相入，極重重無盡之妙。故云法界緣起，又云無盡緣起。

華嚴家爲分別一眞法界圓融無礙之義相，立四法界。四法界者，一事法界。事者，色心萬差之事物也。法者諸法，界者分界。森羅萬象，一一差別，山是山，水是水，各有自體，分界不同。二理法界。理者，眞如法性平等理，卽諸法之體性也。界者，性義，謂是諸法所依性故。無盡事法，同一體性，天地同根，萬物一體，平等無差別。三事理無礙法界。事者事相（現象），理者理性（本體）。事相與理性，無二無別，平等卽差別，差別卽平等；如水卽波，波卽水，離水無波，離波無水；事理交徹，無礙圓融。四事事無礙法界，宇宙萬象，皆從法性之理體緣起。事相與理性無礙圓融故，從理性起之此事相與彼事相，亦和融一味，無礙涉入；如水波無礙故，波波亦無礙。

華嚴家又立有爲法界等五，別顯一眞法界。所謂一眞無礙法界，語其性相，不出事理；隨義別顯，略有五門。五門者，一有爲法界，卽前事法界也。事者，因緣生之有爲法。二無爲法界，卽前理法界也。理者，不生不滅之無爲法。三亦有爲亦無爲法界，卽前事理無礙法界也。四非有爲非無爲法界，亦事理無礙法界也。事卽理，故非有爲。理卽事，故非無爲。五無障礙法界，卽前事事無礙法界也。

依華嚴家，四種法界中說事法界者，五教中小乘教及始教中相始教。說理法界者，空始教及頓教。說事理無礙法界者，終教。而華嚴圓教之根本教理，不外說事事無礙法界之無盡緣起。

二　因門六義

法界諸法，無一法不待因緣而生起。賢首大師，於五教章，依攝論種子六義，立緣起因門六義法，言一切諸法生時，爲其原因者，皆有六義。六義者，一空有力不待緣，二空有力待緣，三空無力待緣，四有有力不待緣，五有有力待緣，六有無力待緣。初是刹那滅義，由刹那滅故，卽顯無自性，是空義。由此滅故，果法得生，是有力義。然是謝滅，非由緣力，是不待緣義。二是俱有義，由俱故方有，卽顯是不有，是空義。俱故能成有，是有力義。俱故非孤，是待緣義。三是待衆緣義，由無自性故，是空義。因不生緣生故，是無力義。卽由此故，是待緣義。四是決定義，由自類不改故，是有義。能自不改而生果故，是有力義。然此不改，非由緣力故，是不待緣義。五是引自果義，由引現自果，是有義。雖待緣方生，然不生緣果，是有力義。卽由此故，是待緣義。六是恆隨轉義，由隨他故不可無，是有義。不能違緣故，是無力義。卽由此故，是待緣義。正因對緣，唯有三義。一因有力不待緣，全體生故，不雜緣力故。二因有力待緣，相資發故。三因無力待緣，全不作故，因歸緣故。若以因奪緣力，諸法唯從因生，不從緣生，故因有力而不待緣。若以緣奪因力，諸法唯從緣生，因無能生果之力用，唯待緣力生果，故因無力待緣。若諸法因緣和合生諸法故，因有能生力而待緣，故因有力待緣。又由上三義，因中各有二義，謂空義有義。二門各有二義，故合爲六。卽先於一切諸法之因種，約義分空有二。以無自性故，有空義；緣起現前故，有有義。而有空義之因種，復有二種。一有能生果之力用（有力），二無能生果之力用（無力）。有有義之因種，亦然。故於空有二義，各分有力無力二。有力無力中，有力，更有不待他緣，唯從自因生果，與待他緣方生之分別。故分待緣不待緣二。又無力者，因種自身無力，必待緣而生果，故唯設待緣一種。若因無力而不待緣，因緣共缺，故非是因義，故不立。

此因門六義者，顯差別之事相，融通無礙，無盡緣起之原理。由有空有義故，有相卽門。由有有力無力義故，有相入門。由有待緣不待緣義故，有同體異體門。如五教章云，此中有二一異體，二同體。所以有此二門者，以諸緣起門內有二義故。一不相由義，謂自具德故，如因中不待緣等是也。二相由義，如待緣等是也。初卽同體，後卽異體。就異體中有二，一相卽，二相入。所以有此二門者，以諸緣起法皆有二義故。一空有義，此望自體。二力無力義，此望力用。由初義故得相卽，由後義故得相入。初中由自若有時，他必無故，故他卽自。（中略）由他無性，以自作故。二由自若空時，他必自有，故自即他。（中略）由自無性，用他作故。以二有二空各不俱故，無彼不相即。有無無有無二故，是故常相即。（中略）二明力用中，自有全力故，所以能攝他。他全無力故，所以能入自。他有力自無力反上可知。不據自體，故非相即。力用交徹，故成相入。又由二有力二無力各不俱故，無彼不相入。有力無力，無力有力無二故，是故常相入。又以用攝體，更無別體故，唯是相入。以體攝用，無別用故，唯是相即。◎

三　相即相入

如上所述，因體有空有之別。其作用，有有力無力。其有力無力中，有待緣不待緣。由空有，成相卽義。由有力無力，成相入義。由待緣不待緣，成同體異體義。如是萬有，同體異體，相卽相入，互爲緣起，成法界。卽一切事相，由因緣各異，而有差別。雖有差別，而有相卽相入義故，爲一緣起，事事無礙，互攝互融，舉法界成圓融無礙之妙理。

相卽者，就差別之萬有體，顯有相互一體之關係。相入者，就其體所具之作用，示有相依相立之關係。如演義鈔云，相入則如二鏡互照，相卽則如波水相收。卽依相入義，萬有雖彼此各異；而其關係，如甲乙自他，互相依相資；甲去則乙仆，乙去則甲仆。甲有力則乙無力，乙有力則甲無力。依此故有彼，依彼故有此。卽自有力他無力故，自力中能攝他力。他有力自無力故，他力中能攝自力。自他相攝。涉入無礙，一多容入，無盡緣起。又依相卽義，萬有雖彼此差別，而皆從平等無差別之理體緣起，理體無差別故，從理體顯現之事相，亦無差別。體卽相，相卽體。體外無相，相外無體。故卽差別之事物，平等無差別。萬有自他，各有空有二義。卽萬有依因緣生，故是有。雖有而非本來恆有，緣散則滅，故是空。既萬有各具空有二義，故甲之有與乙之空相望，又甲之空與乙之有相望，相卽無礙。卽甲之空與乙之有相望，甲卽乙。乙之空與甲之有相望，乙卽甲。甲有爲表，則乙空爲裏。乙有爲表，則甲空爲裏。萬有互爲空爲有，表裏相卽，成一卽一切一切卽一之關係。如是，宇宙萬有，從作用上觀之，自他互有力無力而相入。又從體上觀之，有空有二義，而全體相卽。故自他卽入，無礙自在。

相入相即，有同體異體二門。若約異體門，則如上所述，甲乙自他各自別異之諸法，彼此相望，互相入相即。若約同體門，則一切諸法，各自先天本具之自性，一法中具足餘一切萬法。自與自中所具一切萬法，亦各有空有二義，互相即入。異體門，如甲乙二鏡相望，甲鏡映乙鏡，乙鏡映甲鏡，融通無礙。同體門如鏡中所含之影像，與其鏡面相望，融通無礙。如是，一切萬有，從異體上觀之，又從同體上觀之，互相即入無礙。

四　十玄門

雲華尊者智儼，立十玄門，示事事無礙無盡緣起之妙理。賢首承之，改諸藏純雜具德門，爲廣狹自在無礙門，改唯心迴轉善成門，爲主伴圓明具德門；是曰新十玄。對之，雲華所立，稱古十玄。新十玄者，一同時具足相應門。十方三世一切諸法，同時相應，成一緣起，無有前後始終等別，具足自在，參而不雜。無前無後，故云同時。無欠無闕，故云具足。互爲緣起，故云相應。即遍一切處該一切時，一切事相，同時相應。過去具足現在未來，現在未來亦然，無有前後始終等別，互具足相應，成一大緣起。此一門是事事無礙法界之總相，自餘九門，其別說也。

二廣狹自在無礙門。大而無外名廣，小而無內名狹。然至大身剎，置毛端而不窄。極小塵毛，含太虛而有餘。任運俱現，自在無礙。

三一多相容不同門。一法與多（一切法），互爲緣起，力用交徹，遞相涉入。多能容一，一能容多，故云相容。一多歷然，不壞其相，故云不同。此一門舉萬有相入之關係。一切萬有，不唯同時具足相應成一大緣起。自他互相容納，一中有多，多中有一，一多相入無礙，而其體不同，不壞一多之相。

四諸法相即自在門。此一門舉萬有相即之關係。一切萬有，就用相入無礙。就體，亦空有相即。如一法捨己同他，則舉體全是彼一切法。若一法攝他同己，則全彼一切法即是己體。一法即一切法，一切法即一法，互融互即，不相妨礙。上相容門明不廢一多，但力用交徹，如二鏡互照。此明彼此二體，和融一如，如水波相收。

五祕密隱顯俱成門。一切萬有，互攝無礙。一法攝一切法，則一法顯而一切法隱。

一切法攝一法，則一切法顯而一法隱。此隱顯二門，俱時成就。祕密者，祕藏密收，即攝受義也。

六微細相容安立門。一切諸法，於一法中，炳然同時。齊頭顯現。一能含多，法法皆爾，故云相容。一多法相，不壞不雜，故云安立。然所含微細，如琉璃瓶，盛多芥子，相容安立，分明顯現。

七因陀羅微細法界門。此一門示萬有之相入相即，不唯一重，重重無盡。因陀羅者，帝釋天。帝釋天之宮殿所懸珠網，全珠各現一切珠影。卽此一珠中，現餘一切珠影；餘珠中，亦現他一切珠影，了了分明；是曰一重累現。一珠中所現一切珠影，復各現他一切珠影於影現中，互相影現；是曰二重累現。如是，重重映現無盡無窮。一切萬有，亦復如是，互相交參，重重無盡。

八託事顯法生解門。上來所舉相即相入事事無礙之法門，幽玄深邃。一切事法，既互爲緣起，影現重重，如帝珠網；則不須徧觀諸法，但隨託一事而觀，便顯一切無盡之法，能生事事無礙勝解。非現前之事相外，更有所顯；一華一果，一枝一葉，即是甚深微妙之法門。一一事相，即具無盡之法。所託之事相，即是所顯之無礙法門，非是託此別有所表。

九十世隔法異成門。上八門，就橫，示萬有相即相入，圓融無礙。此一門示於竪亦然。一切諸法，偏十世中，同時別異，具足顯現；以時與法不相離故。言十世者。三世各有過現未來，名爲九世。然此九世，迭相卽入，攝爲一念。前九爲別，一念爲總，總別合論，故云十世。十世區分，名爲隔法（隔歷之法）；同時具足顯現，云隔法異成。

十主伴圓明具德門。謂旣橫竪萬有，相即相入，成一大緣起。故隨舉一法，即便爲主，而居其中；餘一切悉爲伴，周帀圍繞。更以他法爲主，餘法亦悉爲伴。即舉一全收。諸法雖互有主伴之別，而不壞差別之相，相依相成，一體無礙。彼此隱顯，主伴交輝，故云圓明。一多攝入，連帶緣起，故云具德。

要之，以上十門者，一切萬有所具備之法門。雖萬事萬物，相即相入，無礙自在；而差別之相歷然。雖有差別，而重重無盡，成一大緣起。故觀一微塵，亦舉法界全收，事事無礙，玄妙不可思議。

五　六相圓融

華嚴家既於十玄緣起，說諸法之無礙卽入。更說六相圓融，示衆相之無礙卽入。六相者，總相，別相；同相，異相；成相，壞相。一總相者，謂一舍多德。一塵一法中，具足法界森羅諸法。如一舍中，有梁有柱，有瓦有石，總成一舍。二別相者，謂多德非一。一切諸法，有色心事理等別。如雖成一舍，梁柱瓦石等各有別相。三同相，謂多義不相違，同成一總。法界諸法，雖形相各別，而和同成一體。如梁柱瓦石等，形相各別，而和同成一舍。四異相，謂多義相望，各各別異。差別諸法，雖和同成一體，迭互相望，依然各異。如梁柱瓦石等，迭互相望，各各不同。五成相，謂由此諸義成緣起。一切差別諸法，融卽成一體。如梁柱瓦石等相依合成一舍。六壞相，謂諸義各住自法，不移動。差別諸法，雖融卽成一體，而諸法之本質不變。如成一舍之梁柱瓦石等，各住自法，本不作舍。

此六相中，總相別相爲一對，同相異相爲一對，成相壞相爲一對。總同成者，從平等上觀。別異壞者，從差別上觀。平等與差別，相卽相入，圓融無礙。離總無別，離同無異，離成無壞。平等曰圓融門，差別曰行布門。圓融中有行布，行布中有圓融，相卽相入，極事事無礙之妙，名六相圓融。如是一大法界，法法塵塵，各具六相，圓融自在，無礙卽入。

六　性起法門

上來所述事事無礙之教義，華嚴家稱爲性起法門。性起者，全性起用，不藉他緣。卽眞如法性，全體起爲迷悟情非情諸法。故宇宙萬有，雖森然差別，而渾然圓融，橫盡十方，豎窮三際，一多卽入，主伴具足，無礙自在，重重無盡。卽此宗所說眞性，湛然靈明，全體卽用。故法爾常爲萬法，法爾常自寂然。寂然是全萬法之寂然，萬法是全寂然之萬法。既世出世間一切諸法，全是性起，則性外更無別法。所以諸佛與衆生交徹，淨土與穢土融通；法法皆彼此互收，塵塵悉包含世界；相卽相入，無礙鎔融。

第三節　眞言家之六大周徧說

眞言家建立體相用三大，所謂六大體大，四曼相大，三密用大，以六大爲宇宙法界之體性。六大者，地，水，火，風，空，識。此六法卽大日如來。大日如來者，梵語摩訶毘盧遮那如來之義譯。毘盧遮那者光明徧照義。此佛體卽地水火風空識六大，六大卽佛身，佛身卽六大。一切諸法，不離六大。六大法性，周徧諸法。故一切諸法，無非大日如來。一切國土，悉是密嚴淨刹。大日如來，廣普周徧滿塵數世界，故宇宙法界以六大卽大日法身爲體。其相，大三法羯四種曼荼羅。其用，身口意三密。如卽身成佛義云六大無礙常瑜伽，四種曼荼各不離，三密加持速疾顯，重重帝網名卽身。此中第一句者體大，第二句者相大，第三句者用大，第四句顯無礙。如上所述，宇宙法界之體性，不外六大。然六大非隔歷不融，而自他無礙，涉入自在；故頌云無礙常瑜伽。瑜伽者，相應義。相應涉入故，法爾之六大，隨緣起動爲十法界之萬有。故宇宙萬有者，六大法身之露現。大自山河大地，乃至一塵之微，一毛之細，皆具六大。父母所生之肉身，卽是大日法身。

一　六大無礙

六大周徧宇宙，互具互融，爲諸法緣起之本源。宇宙一切諸法，無一不以六大爲體。日月星辰，六大也。山河草木，亦六大也。上從諸佛，下至衆生，無一出此六大。卽一切森羅萬象，有形無形，唯是地水火風空識。此六法彌綸宇宙，無所不徧，無所不在，故名大。法法塵塵，無一非此法性六大所成，故云體大。

法界諸法，不出五蘊，卽色心二法。六大中，前五大者色，開之爲地水火風空五。第六識大者心，合受想行識爲一。如前所述，六大者萬有之體性。其性德，堅，濕，煖，動，無礙，了別。其業用，不壞，攝持，離散，長養，自在，識別。其形色，方，圓，三角，半月，寶形，雜形。其顯色，黃，白，赤，黑，靑，雜色。其種字，阿，嚩，囉，訶，欠，吽。其字義，本不生，離言說，無垢染，離因緣，等虛空，了義不可得。一切萬有，不出此六性，六用，六形，六色，六字，六義，以外。由六大與其所具有之色相性用等，相依無礙，有色心萬象。

六大無礙，有異類無礙同類無礙二種。以六大互具他五大，有互具各具之關係，名之爲六大之異類無礙。甲乙異人異類之六大相望，又互具各具，故名之爲六大之同類無礙。互具者，六大能徧在諸法，又能出生諸法。以是六大互具圓融，無障無礙。以一爲主，自餘爲件。一地大中，具餘五大。一水大中，亦具餘五大。火大風大空大識大，亦然。故舉一大，他五大悉件隨之。一坯土一滴水中，具足一切世界萬有。若自爲主，他佛界地獄界，悉皆具足。若他爲主，則自爲件，攝在他中。主件具足，重重無盡，相依相成，無礙一體。各具者，六大各守自性。地大者地大，水大者水大，乃至識大者識大。男者男，女者女，馬者馬，草者草，佛者佛，人者人。其性德業用等，彼此不亂。即異類無礙者，六大互無礙涉入。如地大與水大，地大與火大，乃至地大與識大，互無礙涉入。水大火大等亦然。宇宙萬有，無一非由此六大互無礙涉入所成。若有其一，必有他五。故地大中有他五大，非情之金石草木，亦有識大。以是全宇宙無一處非地大，無非水大，無非火大，無非風大，無非空大，又無非識大；無障無礙，互相涉入。

同類無礙者，甲乙彼此之六大相望，無礙涉入。如此之地大，與彼之地大；乃至此之識大，與彼之識大；互無礙涉入。一水大融攝無盡無盡之水。無盡無盡之水，亦融攝一大水。餘地大等，亦復如是。自身之六大，與他身之六大；衆生之六大，與佛之六大；融會無礙。造佛之六大，即爲造衆生之六大。造有情之六大，卽爲造非情之六大。佛外無衆生。衆生外無佛。

自同類無礙上言之，衆生之地大，與佛之地大無礙。自異類無礙上言之，一地大中具他五大，故草木國土，亦一大法身佛。上達法身，下及六道，雖麤細有隔，大小有差，無一非六大所成，互相涉入，圓融無礙，故云六大無礙常瑜伽。

二　四曼不離

大三法羯四種曼荼羅者，法界諸法之相狀。曼荼羅梵語，翻有輪圓具足，無比，發生，聚集，四義；多用輪圓具足義。輪圓具足者，衆德輪圓周備，卽具種種德義。上從法身如來，下至六道凡夫及器世間，生佛迷悟，一切差別相，無一出此四曼；故云相大。

一大曼荼羅。是曼荼羅之總體，故云大。大者五大義，又廣大義。他三種亦五大所成。是總體，最廣大，故獨名大；指一切色相。二三昧耶曼荼羅。三昧耶，有平等本誓除障，警覺四義，今用本誓；指一切形像*三法曼荼羅。法者，軌持義；指一切名稱。四羯磨曼荼羅。羯磨者，作業義；指一切作用。宇宙萬有，無一不具足此四曼。復次分類一切事相爲四種時，大曼當總德故，攝一切萬有之相狀。若就別德，則由色相上攝世出世一切有情之身。三曼由形像上攝世出世所依一切山河草木國土器具等非情法。法曼由文字名稱上攝世出世內外一切學術教法。羯曼由作業上攝世出世一切威儀事業。更以此四曼配合眞言家之教義時，大曼，謂佛菩薩等之相好具足身，乃至彫刻綵畫之佛菩薩等像，又觀行者所觀本尊。三曼，謂佛菩薩等所持輪寶，如意珠，寶塔，金剛杵等標幟；即表佛菩薩等之本誓者。如執刀劍，表銳利之智德；或持蓮華，表不染之大悲。又其畫像，又觀行者之印相等。法曼，謂佛菩薩等之種子眞言，又其種子字各書於曼荼羅本位，又三十七尊等法身三摩地，乃至顯密一切經論之文義。羯曼，謂佛菩薩等之行住坐臥取捨屈申等，乃至捏鑄刻鏤等像所具威儀事業。

如是，四種曼荼羅者，六大法界上所具之差別相。如前所述，一切萬有，無一不具此四曼。是故佛有佛之四曼，菩薩有菩薩之四曼，衆生有衆生之四曼。大曼者，萬有之色相。三曼者，其標幟法曼者其名稱。羯曼者，其作業也。四曼不離，亦有異類同類二種。此四曼其數無量，而彼此不離；若有一曼，必具他三。如大曼上具餘三曼，他曼上亦具餘三曼，涉入無礙，是爲異類不離。又甲之四曼，與乙之四曼；如衆生之四曼與佛之四曼相望；互相涉入，彼此不離；是爲同類不離。如卽身義云，如是四種曼荼，四種智印，其數無量，一一量同虛空，彼不離此，此不離彼，猶如空光，無礙不逆。故云四種曼荼各不離，不離卽是卽義。四曼不離相卽，雖由迷悟逆順，有麤細染淨之不同。然法性平等，生佛不二。故不離衆生界之四曼，有佛界之四曼。不離佛界之四曼，有衆生界之四曼。彼此輪圓周備，一一徧法界，恰如虛空與光明之無礙而不逆，故云四種曼荼各不離。

三　三密加持

三密者，身密，語密，意密；與常云身語意三業同。然此三業者，佛果上之妙業，甚深微細，故曰密。凡聖十界三業之實相，無一非三密，故云用大。

三密，有法佛（法身佛）三密與衆生三密。法佛三密者，周徧法界無礙自在之三密。大日如來，是徧法界身，其語意自亦周徧法界。是故五大之色形者，其身密。一切音聲者，其語密。周徧之識大者，其意密。舉凡流水高山，落花啼鳥，一切法界森羅之體相；以及天風海濤等一切音聲，乃至一切心念照了，無非如來三密之顯現。衆生三密者，若有眞言行者，觀念照察此法佛三密互相加入彼此攝持之義趣，爲欲現證之，手給印契，是身密。口誦眞言，是語密。意住三昧，是意密。故身密攝一切色法，語密攝一切音聲，意密攝一切心法；身語意密三，攝盡一切萬有之作用。然三密互相涉入，剎那之身密，當體具語意二密。一句之語密，具身意二密。一念之意密具身語二密。不唯一法之三密，互融互卽。諸法之三密，亦各與一切剎塵之三密，融卽無盡。法佛三密，周徧法界，同時無礙，互相涉入。三又互具三密，恰如帝網。無量法佛，又一一等具無量三密，彼此攝持，無礙自在。衆生三密，亦復如是。故法佛之三密，常與衆生之三密，互相涉入；衆生之三密，具足法佛之三密。諸佛平等之三密，衆生隔歷之三業，互相涉入，無二無別；

眾生之三業，當體卽法性融會之三密。行者以自己之三業，修如經所說三密之妙行；身等於語，語等於意心（行者）佛（本尊）眾生（法界眾生）之三密，平等平等，互相攝入無礙自在，是曰三密瑜伽。由此三密之加持力故，眾生本覺之功德，與諸佛感應之方便相應，無明之雲霧頓開，身心本有之功德，速疾顯現；一念之間覺知諸法實相，不起於座，登大覺位；故云三密加持速疾顯。

加持者，加被攝持，有同類加持，異類加持，人法加持，人人加持，法法加持等。同類加持者，佛佛相望，此佛三密，與他佛三密，互相加持。異類加持者，生佛相望，眾生三密，與法佛三密，互相加持。

四　兩部不二

上所述之六大四曼三密者，宇宙法界之體相用，融卽不離。若三密用攝六大四曼，則宇宙無非三密。若四曼相攝六大三密，則萬有無非四曼。若六大體圓具四曼三密，則舉法界無非六大；法法塵塵，悉六大之顯現，而六大卽唯一絕待之大日法身。大日如來，具理智二德，理詮平等，智詮差別；其理曰胎藏界，智曰金剛界。金剛者，堅固利用義；胎藏者，攝持含藏義；是爲金胎兩部曼荼羅。卽金胎兩部者，慓幟大日如來理智二德之一雙法門也。有胎金曼荼羅，因果曼荼羅，理智曼荼羅，東西曼荼羅等異稱。胎藏者，表理平等之曼荼羅；故本有修生中，衆生本有性德之曼荼羅也；理智中，理曼荼羅也；六大中，前五大之曼荼羅也；色心中，色法之曼荼羅也。又胎藏者，衆生本有之曼荼羅，故因果中，因曼荼羅也。方位中，東曼荼羅也。金剛者，表智差別之曼荼羅；故始覺修生之曼荼羅也，智曼荼羅也，識大之曼荼羅也，心法之曼荼羅也。又金剛者，始覺修生之曼荼羅，故果曼荼羅也，西曼荼羅也。胎藏界者，理平等門。金剛界者，智差別門。然理智者，一法之二義；互鎔融相卽，二而不二；恰如珠之前後，鏡之表裏。故一塵一法，無不具此兩部。

第四節　天台家之三諦圓融說

一　三諦圓融

天台家，依中論（因緣所生法，我說卽是空，亦名爲假名，亦是中道義文；）及大智度論（三智一心中得文），闡明三諦圓融之妙理。以爲宇宙之森羅萬象，一一當體卽是三千三諦之妙體。卽一切萬有差別之事相，皆是圓融無礙不可思議之妙法。三諦者，一空諦，二假諦，三中諦。空諦者，法界森羅諸法，不論有情非情，並從因緣生。緣生卽無主，無主卽空，故云空。此理審實不虛，故云諦。雖無主卽空，而一切諸法，歷歷宛然。無主而生，是曰假諦。中者，中正絕待之稱。諸法實相，不離二邊（空假），不卽二邊，中正絕待，是曰中諦。始終心要作眞諦，俗諦，中諦。謂中諦者，統一切法；眞諦者，泯一切法；俗諦者，立一切法。卽所謂中諦者，統攝一切諸法之中道實相。眞諦者，泯亡一切情相。俗諦者，建立一切法門。

圓融者，所謂天台四教（藏通別圓）中，別教與圓教，同說三諦。然別教三諦者，隔歷三諦，又次第三諦。隔歷者，彼此隔歷不融也。次第者，前眞次俗後中也。圓教三諦者，圓融三諦，又不次第三諦。圓融者，三一無礙，舉一卽三，全三是一也。不次第者，圓融相卽，不經空假中之前後次第也。

圓教之三諦，唯是一法上之德用差別，故空假中三，一一皆融卽無礙。言空，則假中在其中，非離假中之空。乃至言中，則空假在其中，非離空假之中。三一融卽，非一非三，而一而三，故名圓融三諦。卽空諦者，圓融之空諦，非不具假中之但空，乃三諦相卽之卽空，空當處卽是假中，相卽融通。卽不隔他假中二諦，空卽假中。於此一諦，三諦圓具，無有缺減；故名卽空。次一假諦中，圓具空假中三諦，無有缺減，假當處卽是空中；故名卽假。又中諦者，圓融之中諦，非離空假二邊之但中，乃卽空假二諦之卽中，中當處卽是空假，相卽融通，故名卽中。

如是，三諦互具互融，一空諦卽假中諦，乃至一中諦卽空假諦；三各具三，三三相卽，融卽無礙。一空一切空，無假中而不空。一假一切假，無空中而不假。一中一切中，無空假而不中。故云三諦俱空可，云三諦俱假可，云三諦俱中亦可。一三三一，卽空卽假卽中。譬如明鏡，明喻卽空，像喻卽假，鏡喻卽中。不合不散，合散宛然。不一二三，二三無妨。所謂以卽空故，破染礙情，一相不立。以卽假故，互具互攝，諸相宛然。以卽中故，雙遮二邊，無有二相；雙照二諦，空假宛然。是名圓融三諦。

一切萬有之事相，無非此圓融三諦之妙法，是曰一境三諦。境者，所緣所對義。一境者，隨拈取宇宙間某一法卽某一事某一物爲對境也。瀾漫之桃花，一境也。鮮妍之紅葉，一境也。巍峨之高山，潺湲之流水，晶瑩之月色，閃爍之星光，皆一境也。更就人生觀之，或哀或樂或笑或泣；此外小之自翾飛蜎動，大之至天覆地載，亦皆一境也。此差別之諸相，卽圓融三諦。其實相不可得，夐絕凡夫之情慮，卽一切妄想妄分別；卽空。雖云空非斷無空當處諸相宛然，不相紊亂；卽假。非空非假，亦空亦假，融鎔無礙，不可思議；卽中。故止觀輔行云，一切法卽空卽假卽中。◎

要之，此宗以圓融三諦，爲實相正體。所謂實相之體，三諦具足。卽三諦者，眞理（眞如）之三方面。宇宙萬有之眞實相，所謂眞如離言說，絕思議，所謂夐絕凡慮；是曰眞如破情之德，稱爲空諦。雖夐絕凡慮，而一切萬有差別之事相，歷歷宛然。此差別之事相，無一非眞如之顯現，是曰眞如立法之德；稱爲假諦。空諦假諦，旣不過眞如性德之一面，則空假一體，非空非假，亦空亦假，融妙不可思議，是曰眞如絕待之德；稱爲中諦。萬法是眞如，眞如是萬法，故法界之森羅萬象，隨拈一法，皆是實相。所謂一色一香，無非中道。故名色香中道，或名萬法一如。一切諸法，不出色心，故亦名色心實相。差別卽平等，事相卽體性。差別之事相，一一極鎔融無礙不可思議之妙，是名中道實相。雖名中道，非離空假二邊，故曰三諦圓融。

二　一念三千

三千者，該收宇宙一切之名，同時詮顯三諦天然之妙境，如言萬法或諸法。爲顯一切萬有之事（十如中前九如）理（十如中最後一如）總（三世間）別（十界），鎔融無礙，以三千呼一切萬有。宇宙諸法，圓融相卽，不可思議，而差別之諸相宛然。卽一切法森然羅布，其差別無量無邊。先從迷悟上大別之爲十界。十界者，十法界之簡稱。卽地獄，餓鬼，畜生，修羅，人天，聲聞，緣覺，菩薩，佛。前六爲凡夫，後四爲聖者，故又稱六凡四聖。此十界非彼此孤立，而界界互具，一一皆各具十界。卽十界中，就地獄言，就餓鬼言，皆各具有始自地獄終至佛界之性德。地獄界具餘九界，餓鬼界亦具餘九界，乃至佛界亦具餘九界。十界互具故，地獄得生人間，畜生得成佛果；同時人趣能墮餓鬼，菩薩能入地獄。昇沈上下，轉變無窮。如此，十界各具十界，成百界。

次十如者，十如是之簡稱，卽相，性，體，力，作，因，緣，果，報，本末究竟等。十如出法華經方便品。如經云，佛所成就第一希有難解之法，唯佛與佛，乃能窮盡諸法實相，所謂諸法如是相，如是性，如是體，如是力，如是作。如是因，如是緣，如是果，如是報，如是本末究竟等。卽相性等十義者，諸法之實相也。一相者，相貌也。相以據外，覽而可別。卽十界表面所現之形相。謂始自地獄終至佛界，其形相各各不同。二性者，性分也。性以據內，自分不改。卽十界裏面所具之性分。謂十界之自性，法爾各別。三體者，主質也。卽具前相性之體質。謂十界各異之色身。四力者，功能也。卽主體所具之力用。謂十界各有力用功能。五作者，構造也。卽依力用之運爲建立。謂十界皆能運爲造作。六因者，習因也。卽生十界未來果之親因（直接原因）（同類因）。七緣者，助因也。卽助十界親因使感果報之助緣（間接原因）（增上緣）。八果者，習果（結果）也。卽由十界因所得之結果（等流果）。九報者，報果（報應）也。卽由習因習果所感之報應（異熟果）。十本末究竟等者，初相爲本，後報爲末，所歸趣處，爲究竟等。卽綜該九相本末一貫之原理。謂始自地獄，終至佛界，自本相至末報，究竟平等一如。譬如石蓮，烏皮在外（相），白肉在內（性），四微（色微香微味微觸微）爲質（體），卷荷欲生（力），微細衆具（作），開華（因）布鬚（緣），蓮實（果）房成（報），初後不異，蓮華始終，十義具足。譬法界衆生，始自無明，終至佛果，十如是法，無有缺減。

要之，法界諸法，不問有情非情，不簡色法心法，無一不具十如是。故地獄有十如，乃至佛界亦有十如。前述之百界，一一各具十如，故成百界千如。

百界千如在詮示一境三諦之深義。智者大師就十如是施三種點讀，以闡明圓融三諦之義旨。所謂依義讀文，凡有三轉。一云是相如，是性如，乃至是報如；顯空諦義。

皆稱如者，如名不異，卽空義也。卽泯一切差別異相，詮相性體力等諸法皆如，一味平等；故稱之爲空諦點。二云如是相，如是性，乃至如是報；顯假諦義。卽十法名字施設，邐迤不同；卽假義也。就所謂一相無相示諸相，就平等詮差別，說示相性體力等差別不同，施設十法名字，示萬法之假立；故稱假諦點。三云相如是，性如是，乃至報如是；顯中諦義。如是者，如於中道實相之是；卽中義也。如者，冥契義；卽詮十法悉是實相妙法，故稱中諦點。分別令易解故，明空假中。得意爲言，空卽假中。約如明空，一空一切空。點如明相，一假一切假。就是論中，一中一切中。故三諦非一二三，而一二三，卽是圓融相卽之三諦。而此圓融三諦者，十如是所含之深義。十法卽三諦，三諦卽實相，實相卽十法。

如此，十界十如，同一實相，如如相攝，界界互具，成百界千如。此百界千如，又具三種世間。卽以十界互具，十如是，對望三世間，成三千世間之法數。三世間者，衆生世間，國土世間，五陰世間。五陰世間者。五陰者，色受想行識，卽染淨一切色心也。十法界通稱陰入界，其實不同；三途是有漏惡陰界入，三善是有漏善陰界入，二乘是無漏陰界入，菩薩是亦有漏亦無漏陰界入，佛是非有漏非無漏陰界入。以十種陰界不同，故名五陰世間。衆生世間者，十界之正報。攬五陰通稱衆生，衆生不同；攬三途陰，罪苦衆生；攬人天陰，樂受衆生；攬無漏陰，眞聖衆生；攬慈悲陰，大士衆生；攬常住陰，尊極衆生。各各不同，故名衆生世間。國土世間者，依報。十界衆生所依境界，各各差別；地獄依赤鐵住，畜生依地水空住，修羅依海畔海底住，人依地住，天依宮殿住，六度菩薩，同人依地住；通教菩薩，惑未盡同人天依住；斷惑盡者，依方便土住；別圓菩薩，惑未盡者，同人天方便等住；斷惑盡者，依實報土住；如來依常寂光土住。土土不同，故名國土世間。是故五陰世間者，衆生及國土世間之通體。而衆生及國土世間者，五陰世間之別相也。此三世間者，界界所具通別二相。如上所述，以百界千如，對三世間，卽有三千之法數。故三千法數，綜該法界之森羅萬象。而其要義，在顯十法界森羅諸法，當相卽法法圓具三千，從而法法是圓融三諦。以是擧諸法中一法，此法卽三千三諦之妙法。不問其爲色爲心，爲眞爲妄，爲細爲麤，苟爲法界之一法，皆是本具三千，無有缺減。故色心生佛，其體不外一種三千。今且舉凡地芥爾陰妄之一念，卽衆生日用現前，六根六塵相對，所起一刹那之妄心。此現前起滅陰妄之一念，卽法爾具足法界三千之妙法，無有缺減；是名一念三千。如摩訶止觀云，夫一心具十法界，一法界又具十法界，百法界。一界具三十種世間，百法界卽具三千種世間。此三千在一念心。若無心而已，芥爾有心，卽具三千。亦不言一心在前，一切法在後。亦不言一切法在前，一心在後。現前起滅之一念，於十界中必屬一界。若屬一界，卽具百界千法。法界森羅諸法，於芥爾之細心中，悉皆備足。如覩一葉落知天下秋，見一花開知天下春。芥爾之一念動處，卽法界之全體。凡地一念之當體，宛然三千森羅，無一不具。豈唯一心一念，如前所述，法界森羅色心諸法，無一不本具三千。更於一種三千，以義分別，立理具事造二種。理具者本具之德。謂法性自爾具三千諸法，其體融妙無量，卽萬有一一悉皆本來具三千法，平等無差別。是曰理具三千。事造者，緣起之用。謂理具卽法性本具之三千，隨緣變造，迷悟諸法之差別歷然。是曰事造三千。然理具事造者，修性之別，其體是一。事三千當處卽理三千，非理具外別有事造。故云理具無外，全指事造。事造無外，全指理具。

宇宙法界無一法不本具三千。染淨善惡諸法，皆是本有天然之性德。故天台云性具善惡。卽性具非唯淨，通染淨，亘善惡。

性有善有惡，善惡復有性有修。性謂本有不改，卽一切衆生本來法爾之性德。此性常具十界十如三千法，故舉性則善惡二法熾然具存。是曰性善性惡。修謂修治造作，卽修造本有之性德，現迷悟善惡諸相。性雖本來如是，藉智起修，由修照性，由性發修。修又有順修逆修二種。順修者，了性爲行。逆修者，背性成迷。迷了二心，心雖不二。逆順二性，性事恒殊。心雖不二等者，隨緣迷了之處，心性不變，故云不二。逆順二性，是全體隨緣故，卽理之事常分，故曰事殊。是曰修善修惡。然性修事理等言同，本來相卽不二。故性外無修，修外無性。論性則修全在於性，性外無修。論修則性全在於修，修外無性。互泯互融，性不礙修，修不礙性。性卽是修，修卽是性。性無所移，修常宛爾。雖全性起修，而未常少虧性德，以常不改故。故云性無所移。雖全修成性，而未始暫闕修德，以常變造故，故云修常宛爾。是曰修性不二。

以修性不二，修有善惡，所以性有善惡。華嚴三論法相等宗，專主性善。天台獨明性具善惡。

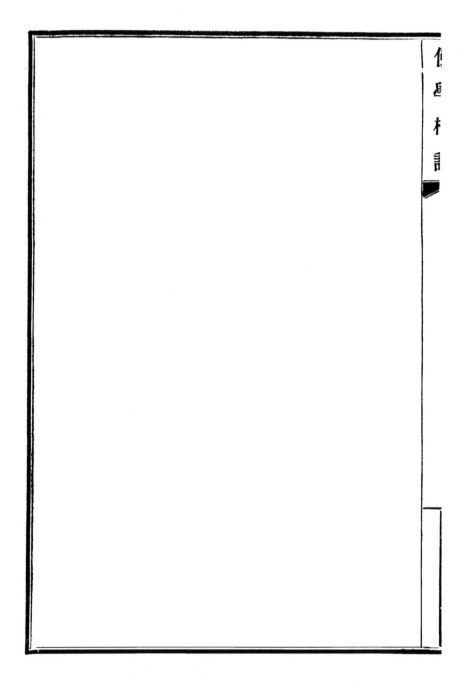

國家圖書館出版品預行編目資料

佛學概論 / 黃懺華著. -- 1 版. -- 新北市：華夏出
版有限公司, 2023.09
面； 公分. --（圓明書房；019）
ISBN 978-626-7296-23-3（平裝）
1.CST：佛教

220 112004238

圓明書房 019
佛學概論

著 作 黃懺華
印 刷 百通科技股份有限公司
電話：02-86926066 傳真：02-86926016
出 版 華夏出版有限公司
220 新北市板橋區縣民大道 3 段 93 巷 30 弄 25 號 1 樓
電話：02-32343788 傳真：02-22234544
E-mail： pftwsdom@ms7.hinet.net
總 經 銷 貿騰發賣股份有限公司
新北市 235 中和區立德街 136 號 6 樓
電話：02-82275988 傳真：02-82275989
網址：www.namode.com
版 次 2023 年 9 月 1 版
特 價 新台幣 420 元（缺頁或破損的書，請寄回更換）

ISBN： 978-626-7296-23-3